돈버는 스마트스토어 마케팅

방선영, 김윤섭 지음

돈버는
스마트스토어 마케팅

초판 1쇄 인쇄 | 2020년 1월 1일
초판 1쇄 발행 | 2020년 1월 3일

지 은 이 | 방선영, 김윤섭
발 행 인 | 이상만
발 행 처 | 정보문화사

편 집 진 행 | 노미라

주   소 | 서울시 종로구 대학로 12길 38 (정보빌딩)
전   화 | (02)3673-0037(편집부) / (02)3673-0114(代)
팩   스 | (02)3673-0260
등   록 | 1990년 2월 14일 제1-1013호
홈 페 이 지 | www.infopub.co.kr

I S B N | 978-89-5674-845-0

돈버는 **스마트스토어
마케팅**

방선영, 김윤섭 지음

정보문화사
Information Publishing Group

방선영

어느덧 두 번째 책입니다. 첫 번째 책이었던 '하마터면 글로벌셀러 할 뻔했다'는 온라인 쇼핑몰 속에서만 살던 필자가, 컴퓨터로 다른 일을 해본 것 중 출판 작업은 처음이었습니다. 첫 번째 책은 낯선 느낌과 설렘으로 가득했었다면, 두 번째 책은 비장함과 각오가 마음 속에 가득합니다.

국내 온라인 시장은 네이버 스마트스토어를 필두로 오픈마켓과 소셜마켓이 어우러져 춘추전국시대와 같습니다. 우리는 그 안에서 비장한 각오로 어떤 마켓을 선택하고 어떤 행동을 하고 어떤 결과를 내야 되는지 알고 있습니다.

바로 스마트스토어에서의 성공입니다.

하지만 험난한 온라인 마켓 시장은 그리 호락호락하지 않습니다. 많은 사람들이 성공을 위해 사업자등록증을 발급하고, 스마트스토어에서 판매자로 가입하고 스토어를 개설하여 판매하고 있지만 성공하는 사람은 아주 극소수입니다. 그래도 우리는 성공을 위해 도전하고 있습니다. 많은 셀러가 연구하고 고민하고 해답을 갈구하고 그 과정 속에서 얻어진 결과로 성공에 한 발자국씩 앞으로 나아가고 있습니다.

필자도 그 무리 중 한 명입니다. 누구보다 다른 사람과 다른 생각을 하는 것을 좋아하고, 다른 행동을 하는 것에 거리낌이 없는 필자는 결과보다는 과정이 즐거운 이 온라인 셀러 길이 정말 재미난 놀이터 중 하나입니다. 온라인 셀러로 걸어온 수년간의 과정과 결과를 이 책을 통해 보여주려고 합니다.

누구에게는 피가 되고 살이 되는 내용들로 채워질 수 있고, 누구에게는 여느 다른 책들과 다름없는 그저 그런 책으로 남을 수 있지만, 이 책을 통해 많은 사람들에게 길잡이가 될 것을 믿어 의심치 않기 때문에 즐겁게 적어가려고 합니다.

그동안 느꼈던 것들 경험했던 것들 즐겁고 솔직하게 이야기하려고 합니다. 여러분이 상상하던 현실은 곧 직접 맞이하는 현실이 될 것입니다. 파이팅하길 바랍니다.

김윤섭

이 책은 어느 날 걸려온 전화 한 통으로 시작되었습니다. 평소와 다름없이 상품 등록에 열중하고 주문 처리를 하던 어느 날, 스마트스토어 마케팅과 관련된 책을 함께 써보자는 방선영 대표의 연락이었습니다. 평소 강의와 책 집필에 관심이 많았던터라 흔쾌히 수락했습니다.

우연한 기회로 찾아온 책 쓰기를 통해 처음 온라인 쇼핑몰을 시작하며 네이버 스마트스토어라는 플랫폼을 선택하고, 부업으로 시작해 전업을 하는 과정에 겪었던 운영 과정을 담아내고자 합니다.

아무것도 모르던 시절 단지 월 500만 원을 벌 수 있다는 지인의 말에 무작정 인터넷을 찾아보고 시작했던 구매대행업은 대부분이 그러하듯 교육 기관을 찾아 강의를 듣고 높은 수강료를 지불하면서 시작하게 됩니다. 어느 강사 말만 믿고 1,000만 원을 투자하여 6개월 동안 아무 수입 없이 시간만 흘러 보내다 환불을 요청하고 혼자 공부하게 되었습니다. 하지만 정보가 부족하고 잘 모르다 보니 수많은 시행착오를 겪었습니다. 국내 판매, 해외 판매, 구매대행 등 마켓을 바꿔가며 판매하다 보니 1년 동안 수입이 거의 없었습니다.

그러다 다시 강의를 듣기 시작했고, 처음 생각했던 것과 다르게 강의나 교육이 결코 나쁜 것만은 아니라는 것을 깨달았습니다. 그리고 혼자서는 모든걸 할 수 없다는 것을 알았습니다. 동종 업계에 일하는 사람들을 만나고 정보를 공유하고 함께 성장해나가는 것이 매우 중요합니다.

이 책을 통해 처음 온라인 쇼핑몰을 시작하는 분들께 경험을 통해 습득한 내용을 함께 공유하고 함께 성장하고자 합니다. 이커머스 시장은 빠르게 변하고 있습니다. 그에 따라 마케팅 기법도 변화하고 있습니다. 하지만 기본적인 틀은 크게 변하지 않기 때문에 기본을 바탕으로 확장해 나가는 것이 중요합니다.

CONTENTS

국내 온라인 쇼핑몰
시작과 끝, 결국은
스마트스토어

왜 항상 시작은 스마트스토어인가?

2019년 유튜브를 시작으로 네이버 스마트스토어에 관한 영상들이 제작되었고, 많은 스마트스토어 마케팅 책이 출간되면서 온라인 쇼핑몰 셀러에 대한 관심이 높아지고 있는 현실입니다. 사람들은 고용 불안정과 100세 시대에 대한 불확실함 때문에 나이와 지역 환경에 구애받지 않는 일을 찾기 시작했고, 그에 맞춰 온라인 쇼핑몰 운영은 기회의 땅으로 여겨지게 되었습니다.

▲ 스마트스토어 센터 메인 화면

수많은 온라인 쇼핑몰 중 오픈마켓과 소셜커머스는 많은 사람들이 손쉽게 인터넷에서 물건을 팔 수 있는 창구가 되었고 스마트스토어, 옥션, 지마켓, 11번가, 티몬, 쿠팡, 위메프, 그 외에 많은 오픈마켓이 운영 중입니다. 특히 많은 사람들이 온라인 쇼핑몰 이용 시 네이버로 아이템을 검색하는 만큼 스마트스토어는 다른 오픈 마켓에 비해 내가 올린 아이템으로 인입되는 경우의 수가 높습니다. 그만큼 구매전환율이 다른 마켓에 비해 높기 때문에 이제 시작하는 초보 셀러들이

첫 온라인 마켓으로 시작하기
에 충분합니다. 그리고 수수료
도 다른 온라인 마켓에 비해 낮
기 때문에 첫 시작은 더욱 스마
트스토어여야 합니다.

수수료의 경우 마켓별로 상이하
며, 마켓 안의 카테고리에 따라

▲ 19년 8월 기준 **스마트스토어 수수료**

다시 수수료가 나누어지게 됩니다. 구매 고객이 신용카드로 결제한
다는 전제 하에 스마트스토어의 경우 네이버쇼핑 연동 수수료 2%+
결재 수수료 3.74%, 약 6%의 수수료가 나오게 됩니다. 다른 오픈마
켓의 경우 11번가 약 13%, 인터파크 약 8~14%, 옥션/지마켓 약 11%,
소셜커머스의 경우 쿠팡 약 10%, 위메프 약 16.5%, 티몬은 입점 후
판매 수수료를 확인할 수 있습니다.

구분	마켓명	수수료
오픈마켓	스마트스토어	5.75%
	옥션	11%
	지마켓	11%
	11번가	13%
	인터파크	8~14%(입점 후 협의)
소셜커머스	쿠팡	10%
	티몬	8~30%(입점 후 협의)
	위메프	16.50%

▲ 19년 5월 기준 전체 마켓 수수료

마켓 수수료는 전체 매출에 큰 비중을 차지하기 때문에 첫 시작은 수
수료가 많이 저렴한 스마트스토어로 시작하는 것을 추천합니다.

🛒② 이제는 모바일 쇼핑이 대세

스마트폰의 발달은 우리의 삶을 바꿔 놓기에 충분했습니다. 소비 타입도 오프라인 구매에서 PC를 이용한 온라인 쇼핑으로 발전했고, 이제는 스마트폰을 이용한 모바일 쇼핑으로 발전했습니다.

채널 속성 ?	채널 그룹 ?	유입 ?		비용
		고객수 ?	유입수 ▾ ?	광고비 ?
전체	전체	7,427	9,688	0
모바일	쇼핑	4,989	6,094	0
PC	쇼핑	1,415	2,376	0
모바일	검색	807	964	0
PC	검색	194	213	0
모바일	일반유입	10	34	0
모바일	메신저	3	8	0
모바일	웹사이트	5	5	0
PC	메신저	1	1	0

▲ 스마트스토어에 판매 중인 셀러의 고객 유입 경로

위 자료만 보더라도 PC로 유입된 고객보다 모바일로 유입된 고객의 수가 압도적으로 많은 것을 확인할 수 있습니다. 특히 네이버 홈에서 검색하는 고객보다 네이버 쇼핑 사이트에서 검색을 하는 경우가 가장 많습니다.

이렇게만 봐도 모바일로 쇼핑을 즐기는 인구가 전체 쇼핑 인구의 대다수를 차지하고 있습니다. 전세계적으로도 모바일로 물품을 구매하는 비율은 약 80%가 넘습니다. 그에 맞춰 스마트스토어는 상세페이지를 올릴 때 모바일에서 깔끔하게 보여질 수 있게 제작 화면에서 태블릿과 모바일 미리보기 영역을 제공하고 있습니다.

▲ PC 기준 상세페이지 작성

▲ 모바일 기준 상세페이지 작성

모바일 영역으로 맞춰 놓고 상세페이지를 작성하면, 모바일에서 보기 좋게 화면 구성을 할 수 있습니다. 대부분의 고객이 모바일로 상품을 구매하기 때문에 모바일 영역 설정 후 상세페이지 등록은 선택이 아닌 필수가 되어가고 있습니다.

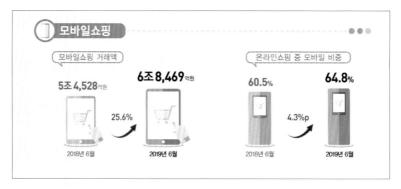

▲ 2019년 온라인 쇼핑 동향, 통계청 보도자료

작년 대비 약 30% 가까이 모바일 쇼핑 거래액이 증가하고 있으며, 온라인 쇼핑 중 모바일의 비중도 계속 증가하여 2020년에는 70% 이상 증가할 것으로 예상되고 있습니다.

그에 맞춰 스마트스토어는 발빠르게 모바일 쇼핑 최적화를 만들어가고 있으며 셀러에게도 더 나은 기회를 제공하고자 모바일 전용 스토어 꾸미기, 모바일 상세페이지 만들기 등 네이버 앱 속에서 스마트쇼핑을 더욱 편리하게 이용할 수 있도록 많은 시스템을 제공하고 있습니다.

스마트스토어에서 판매를 하면서 사입 후 판매, 위탁 판매, 해외 구매 대행까지 모바일을 배제하게 되면 큰 매출을 기대하기 어렵습니다.

스마트스토어 외에 지마켓, 옥션, 11번가, 티몬, 쿠팡, 위메프 등 많은 쇼핑몰에서 모바일을 기반으로 한 이벤트를 시행하고 있습니다. 모바일 신규 가입 고객을 위한 특별한 혜택, 모바일로만 발급되는 할인 쿠폰, 모바일에서만 구입이 가능한 아이템 등 많은 한국 쇼핑몰에서 전략적으로 모바일 시장을 키우기 위해 노력하고 있습니다.

셀러들도 이에 맞춰 모바일에 최적화된 상품 이미지와 상세페이지, 다양한 이벤트 등을 기획해서 트렌드에 뒤처지지 않고 앞서 나갈 준비를 해야 할 것입니다.

⑧ 부업을 생각한다면 최고의 마켓

스마트스토어 셀러로 시작하려면 스마트스토어 센터에서 가입을 해야 합니다. 가입 유형은 사업자등록증이 없는 일반 개인, 사업자등록증이 있는 사업자, 해외에 거주 중인 사업자 총 세 가지 유형이 있습니다.

여기서 눈여겨 볼 점은 사업자등록증이 없는 일반 개인도 판매가 가능하다는 것입니다.

심지어 미성년자도 별도의 법정대리인 관련 서류만 있으면 셀러로 가입이 가능합니다. 이는 네이버 아이디만 있다면 누구나 스마트스토어 셀러로 가입해서 판매를 할 수 있다는 것입니다.

본인이 아이템을 소싱할 수 있는 능력만 있다면 아이부터 노인까지 나이나 직업, 상황에 관계없이 판매가 가능합니다. 사업자등록증이 없어도 판매가 가능하다는 장점 때문에 요즘엔 스마트스토어를 부업으로 하는 사람들이 많아지고 있습니다. 특히 재고나 자본금이 거의 들어가지 않는 해외 구매대행 방식으로 스마트스토어를 운영하는 방법이 유행하고 있습니다.

<table>
<tr><td colspan="2" align="center">해외직송배송 상품안내
이 상품은 해외에서 국내로 배송되는 상품으로
배송·반품·교환이 일반적인 국내 배송 상품과 다를 수 있습니다.</td></tr>
<tr><td>배송방법</td><td>택배</td></tr>
<tr><td>배송비</td><td>9,500원 (1개마다 부과)</td></tr>
<tr><td>배송비결제</td><td>주문시 결제</td></tr>
<tr><td>수량</td><td>1   개</td></tr>
</table>

▲ 해외 구매대행 상품 확인

최근 스마트스토어에서 상품을 보다 보면 눈에 띄게 해외 직배송 상품이 많은 이유도 이때문입니다. 회사나 주 직업이 있는 상태에서 사업자등록증을 내지 않고, 재고나 자본금 없이 소득을 낼 수 있다는 것은 정말 매력적인 부업이기도 합니다. 책의 후반부에서 해외 구매대행에 대한 심도 있는 이야기를 하겠습니다.

꼭 해외 구매대행이 아니더라도 제조업을 운영하거나 유통 관련 일을 하거나 지식이 있다면 누구나 능력을 발휘해서 스마트스토어에서 수익을 낼 수 있습니다.

필자는 원래 호텔조리학과를 나와 요리사로 일을 하고 있었고, 이 사업을 하기 전에는 A제과 회사에서 제빵기사로 일을 했습니다. 너무 힘들고 지쳐 잠시 일을 쉬고 있다가 스마트스토어를 알게 되었습니다. 처음에는 온라인 쇼핑몰 관련 일이나 제조, 유통을 하던 사람이 아니라 별 기대감 없이 시작하게 되었습니다.

처음 시작한 온라인 쇼핑몰은 과거 비 경험자에게 녹록한 곳은 아니었습니다. 그래도 포기하지 않고 취미 생활처럼 꾸준히 수년간 해왔습니다. 점점 판매가 일어나고 매출도 늘면서 취미였던 온라인 쇼핑몰 셀러 일은 생계를 책임지는 사업이 되었습니다.

과거에 비해 셀러 일을 하는 사람이 많아지고 온라인 쇼핑을 즐기는 인구가 급격히 늘면서 온라인 쇼핑몰도 보다 나은 시스템을 갖추기 시작했습니다. 그리고 셀러를 위한 시스템과 제도가 매년 발전하면서 이제는 누구나 시작할 수 있는 직업이 되었습니다.

그만큼 많은 사람들이 셀러를 하게 되면서 셀러 간 경쟁도 치열해지고 그 치열한 레드오션 속에서 이제 시작하는 내가 살아남을 수 있을까? 고민하는 사람들도 많아지고 있는 것은 사실입니다.

하지만 전체 온라인 쇼핑몰의 매출은 매년 늘고 있고, 나만의 개성과 차별화를 통해 몇 개월 안된 셀러가 10년 넘게 꾸준히 해온 셀러보다 더 많은 매출을 내기도 합니다.

필자도 남들과는 다른 개성을 통해 판매하고 있으며, 셀러 일에 큰 만족감을 가지고 있습니다. 이제는 가족들도 각자 스마트스토어를 운영할 정도로 온라인 쇼핑몰의 가능성을 보고 있습니다. 2018년에는 전국 대학과 기관에서 500시간 넘게 강의하면서, 온라인 쇼핑몰 창업에 대해 알렸습니다. 그로 인해 수업을 들은 수많은 예비 셀러가 창업을 했고 많은 매출을 내고 있습니다.

아직 늦은 것은 아닙니다. 레드오션은 그저 단어일 뿐이며, 본인이 그 안에서 어떻게 일을 하는가에 따라 달라질 수 있습니다. 이 책에서 이야기하는 것을 기초와 기본이라 생각하고 나만의 개성과 차별성을 녹여낸다면 여러분도 새로운 삶을 시작할 수 있습니다.

스마트스토어에서
온라인 창업하기

💰 팔리는 아이템 리스팅하기 🖱️

스마트스토어 판매자 센터 활용법에 대해 알아보겠습니다. 모든 항목을 세세하게 살펴볼 수는 없지만 필수적인 상품 등록, 주문 처리, 배송 처리, 정산 부분에 대해 꼼꼼히 알아보겠습니다.

▲ 스마트스토어 판매자 센터 메인 화면

신규 주문, 배송 준비, 취소, 반품, 교환 요청, 미답변 문의, 지재권 침해 신고, 구매 확정 연장, 판매 지연같은 경우 신속한 업무 처리를 요하거나 패널티 주의 항목이기 때문에 스토어 첫 화면에 있는 항목을 선택하여 카테고리를 통해 선택하는 것보다 빠르게 들어갈 수 있습니다.

아이템을 등록하기 위해서는 상품 관리 카테고리를 선택합니다. 여기서 아이템의 등록과 수정에 관한 모든 작업을 할 수 있습니다.

[상품 조회/수정]을 클릭합니다.

▲ 상품 관리 메뉴

▲ 상품 조회/수정

현재 판매 중인 아이템 현 상황을 확인할 수 있으며 조회 및 수정이 가능합니다. 상품 목록의 수정과 복사 버튼으로 수정하거나, 기존 등록된 아이템을 복사하여 새롭게 재등록을 할 수 있습니다. 그리고 현재 판매하는 아이템의 상태와 재고 수량, 판매가도 확인 가능하고 해당 탭을 클릭하면 바로 수정도 가능합니다.

▲ 재고 변경 및 관리

아이템 등록을 위해 카테고리에서 [상품 등록]을 클릭합니다. 가장 처음 해야 하는 것은 카테고리 설정입니다.

▲ 상품 등록

여기서 두 가지의 설정 방법이 있습니다. [카테고리 선택]과 [카테고리 검색]입니다.

카테고리 검색은 판매하려는 아이템의 분류를 검색하면 미리 네이버에서 템플릿으로 만들어 놓은 카테고리가 확인되고, 가장 적합한 카테고리를 직접 선택해서 설정하면 됩니다.

▲ 카테고리 검색

▲ 카테고리 선택

카테고리 선택은 가장 상위 카테고리부터 직접 선택하여 판매하려는
아이템의 가장 하위 카테고리까지 선택하는 방법입니다.

두 가지 카테고리 설정 방식에서 추천하는 것은 우선 본인의 아이템
에 적합한 카테고리가 있는지 검색하여 확인하는 것입니다. 없다면
선택으로 넘어가서 카테고리를 선택하는 것이 보다 효율적입니다.
일부 카테고리에서는 등록 권한이 필요합니다.

등록하고자 하는 카테고리가 없거나 확실하지 않다면, 네이버 쇼핑에서 상품 이름이나 종
류를 검색하여 나오는 판매 상품의 카테고리를 참고하여 최대한 적합한 카테고리를 확인
하고 선택합니다.

두 번째는 상품명입니다. 네이버에서 검색했을 때 보여지는 상품명
을 입력하게 됩니다.

▲ 상품명 설정

상위 노출과도 직접적인 연관이 있는 상품명은 작업한 키워드의 집합
체라고 생각하고 조합하는 것이 중요합니다. 가장 중요하고 핵심이
되는 맨 앞 키워드 자리는 뻔한 아이템 명이나 제품을 설명하는 키워
드보다 클릭을 유발할 수 있는 키워드로 배치하여 유입량과 구매전환
률을 늘려갈 수 있게 해야 합니다. 이후 상품명 검색 품질 체크를 활
용하여 불필요한 키워드는 제외하고 상품명을 완성해야 합니다.

상품 노출을 위해 관련 키워드만 길게 나열하여 등록하는 것보다는, 50자 이내 상품의 특
징이 표현된 상품명으로 소비자가 봤을 때 어떤 상품인지 단어를 찾아야 하는 불편함을 만
들지 않도록 주의하는 것이 좋습니다.

(○) 천연 디퓨저 다우니향 160ml
(×) 아로마 실내 방향제 인테리어 선물용 집들이선물 천연 디퓨저 다우니향 160ml

다음은 판매가 설정입니다. 가격에 관한 모든 것을 설정하여 등록할
수 있습니다. 판매가는 필수 항목으로 원하는 판매가를 넣으면 되고,
부가세 또한 필수 항목으로 해당 상품의 유형이 과세인지 면세인지
영세 상품인지 해당하는 것을 클릭하여 설정합니다.

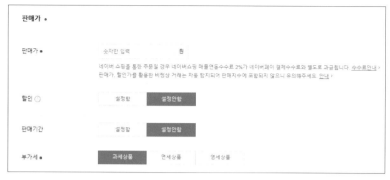

▲ 판매가 설정

다음은 할인가 설정입니다. 전체 할인, PC만 할인, 모바일만 할인으로 설정이 가능합니다.

▲ 할인가 설정

전체 할인은 PC와 모바일 모두에서 할인가로 판매가 가능합니다. PC만이나 모바일만으로 설정하면 설정한 곳에서만 할인가가 표시되고, 표시 안 한 곳에서는 할인가가 표시되지 않습니다.

전체 할인 칸에 적는 금액은 판매가에서 차감 후 할인가로 판매한다는 의미입니다. 이 할인가는 기간을 설정할 수 있으며 기간이 끝나면 할인가는 해제되고, 원래 가격으로 변경되어 판매됩니다.

▲ 특정 기간만 할인 선택

할인가의 경우 특정 금액으로 설정 가능하지만, 퍼센트로도 설정이 가능합니다. 30% 할인을 원할 경우 30을 적으면 자동으로 30%가 할인된 금액이 확인 가능하고 해당 금액으로 판매됩니다.

▲ 퍼센트 할인

또한 전체 할인이 아닌 PC나 모바일 중 하나만 선택해도 되고, 모두
선택해도 됩니다. 전부 선택할 경우 전체 할인과의 다른 점은, 전체
할인은 할인가를 PC와 모바일 같은 할인가로 판매해야 되며, 하나씩
선택할 경우 각각 할인가를 다르게 설정하고 할인 기간도 다르게 설
정 가능합니다. 모바일 한정 이벤트나 PC 한정 이벤트를 할 때 주로
설정하는 경우입니다. 모바일과 PC 판매가가 상이하면 환불하는 경
우가 있기 때문에 보통은 전체 할인으로 할인가를 설정해서 판매를
진행합니다.

▲ 할인 유형 확인

판매 기간을 설정할 경우 설정한 기간만 네이버에 노출시켜 판매하
는 것이며, 기간은 자유롭게 설정 가능합니다.

상시 판매를 원한다면 '설정안함'을 선택해서 판매하면 기간과 무관하게 상시 판매가 가능합니다.

▲ 판매 기간 설정

재고 수량은 판매자가 보유한 재고의 수량을 기입하는 곳이며, 실제로 판매되면 판매 개수마다 재고 수량은 차감되기 때문에 수량을 정확히 파악해서 기입하는 것이 중요합니다.

재고 수량을 100개로 설정해두면 제품이 100개가 판매된 시점에서 해당 아이템은 자동으로 품절 처리되기 때문에 특수한 경우를 제외하고 재고 수량은 넉넉하게 설정하여 판매를 하는 것이 좋습니다.

▲ 재고 수량 확인

다음은 옵션 설정입니다. 옵션은 선택형과 직접 입력형 두 가지 방식으로 설정이 가능합니다.

▲ 선택형과 직접 입력형

선택형은 사이즈, 색상 등 상품의 상세 조건을 판매자가 설정하여 구매자가 상품 구매 시 옵션을 선택할 수 있도록 설정이 가능한 방식입니다. 직접 입력형은 옵션의 종류가 너무 다양하여 구매자가 직접 정보를 입력할 수 있도록 설정이 가능한 방식입니다.

선택형 옵션 설정 방법은 이것저것 설정해야 되는 것이 많아서 복잡하다고 느낄 수 있지만 생각보다 간단합니다.

▲ 선택형 옵션 설정

단독형은 옵션별로 추가 옵션가와 재고 수량이 동일한 경우 사용합니다. 예를 들어 사이즈, 색상 설정과 같은 선택이 필요할 때 사용합니다. 추가적으로 파란색은 본래 판매가보다 비싸거나 싸게 팔고 싶을 경우에는 조합형을 이용해야 합니다. 원하는 옵션 개수만큼 설정하고 원하는 옵션명과 옵션값을 입력하면 됩니다. 옵션 개수는 최대 3개까지만 설정할 수 있습니다.

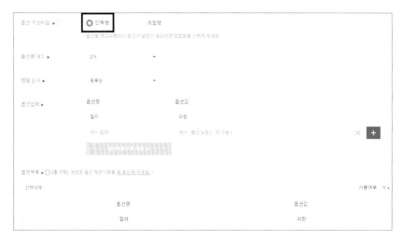

▲ 단독형 선택

조합형은 위의 방식과 비슷하지만 옵션 목록을 설정하는 방식에서
차이가 있습니다. 옵션명에는 가장 큰 분류를 적어주고 옵션값에는
각 옵션명의 세부 값을 설정합니다.

▲ 조합형 선택

가장 상단의 옵션가와 재고 수량은 설정한 옵션들의 항목을 일괄적으로 수정해줍니다. 원하는 옵션가의 +, −를 설정하여 재고 수량을 적고, 각 옵션을 선택한 뒤 오른쪽 상단의 [선택 목록 일괄 수정]을 누르면 모든 옵션값이 일괄적으로 수정됩니다.

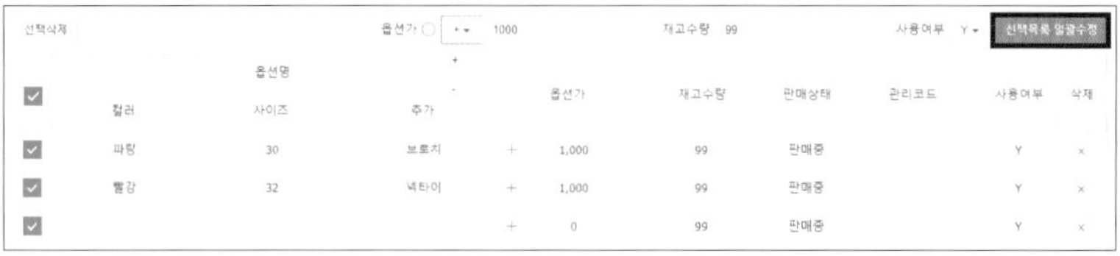

▲ 선택 목록 일괄 수정

[목록 추가] 버튼을 누르면 옵션명을 임의대로 설정할 수 있는 설정 창이 생기며, 공란은 클릭하여 얼마든지 설정 가능합니다.

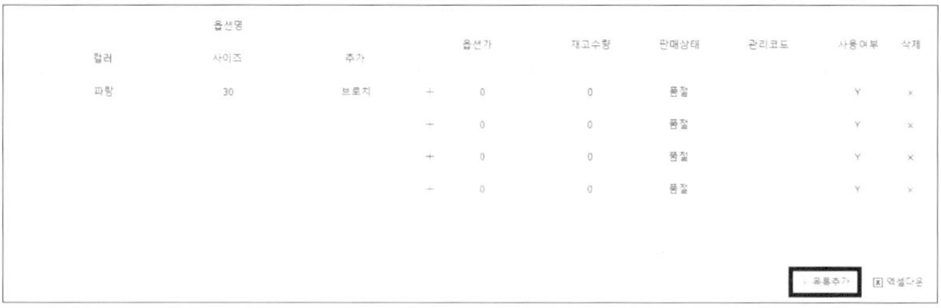

▲ 목록 추가

조합형 옵션을 설정할 때 옵션가 0원, 판매 상태 '판매 중' 사용 여부 'Y'인 옵션이 하나라도 있어야 등록 가능합니다. 또 사용 여부 'Y'인 조합형 옵션의 경우 재고가 최소 1개라도 설정되어 있어야 등록 가능합니다.

	옵션명			옵션가	재고수량	판매상태	관리코드	사용여부	삭제
	사이즈	추가							
	30	브로치	+	1,000	99	판매중		Y	x
	35	넥타이	-	1,000	99	판매중		Y	x
	32	향겁	+	6,000	99	판매중		Y	x
	21	양말	-	3,000	99	판매중		Y	x
	25	수건	+	100	99	판매중		Y	x

▲ 판매 상태와 사용 여부

옵션가를 설정할 때에는 다음의 기준대로 설정해야 합니다.

[옵션가 추가금액 제한]

판매가	변경 전	변경 후
2,000원 미만	0 ~ +10,000원	0 ~ +100%
2,000원 ~ 10,000원 미만	-50% ~ +10,000원	-50% ~ +100%
10,000원 이상	-50% ~ +100%	-50% ~ +50%

*일부 카테고리 제외, 하단안내 참조
*옵션가는 판매가 기준으로 % 적용되며, 할인가 기준이 아님

▲ 옵션가 추가 금액 제한

직접 입력형의 경우 판매자가 옵션명에 고객에게 원하는 메시지를 적고, 고객은 옵션명에 적힌 내용에 대한 답을 적을 수 있게 하는 방식입니다. 단독형, 조합형에서 설정하기 불가능한 옵션은 직접 입력형으로 사용하면 가능합니다. 보통은 도장같이 단어, 문장 등을 필요로 할 때 고객이 직접 입력하게 합니다.

▲ 옵션명 개수와 목록 추가

다음은 상품 이미지입니다. 상품 이미지는 대표 이미지와 추가 이미지로 나뉩니다. 이중 대표 이미지는 상품을 검색했을 때 확인되는 이미지입니다.

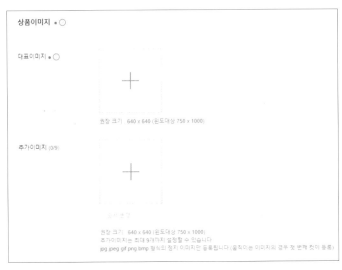

▲ 상품 이미지 등록 및 추가

다음은 대표 이미지에 들어가는 사진입니다.

최저 29,900원 [판매처 87]

디지털/가전 › 휴대폰액세서리 › 휴대폰케이스 › 기타케이스

재질 : 기타   타입 : 바   부가기능 : 마그네틱잠금장치   용도 : 휴대폰용

리뷰 ★★★★☆ 1,454 · 등록일 2019.04. · ♡ 찜하기 1,344 · 🔒 정보 수정요청

최저 9,800원 [판매처 60]

디지털/가전 › 휴대폰액세서리 › 휴대폰케이스 › 기타케이스

재질 : 기타   타입 : 바   용도 : 휴대폰용

리뷰 ★★★★★ 2,402 · 등록일 2019.04. · ♡ 찜하기 125 · 🔒 정보 수정요청

최저 19,900원 [판매처 23]

디지털/가전 › 휴대폰액세서리 › 휴대폰케이스 › 기타케이스

재질 : 기타   타입 : 바   용도 : 휴대폰용

리뷰 ★★★★★ 2,376 · 등록일 2019.04. · ♡ 찜하기 163 · 🔒 정보 수정요청

▲ 네이버 쇼핑 상품 이미지 표시

다음은 여러 장의 사진 추가 이미지입니다.

▲ 상세페이지 내 상품 이미지 표시

상품 이미지를 등록할 때에는 대표 이미지와 추가 이미지를 구분하여 정확한 위치에 등록하는 것이 중요합니다. 권장 크기는 640×640이며, 쇼핑윈도우를 사용하는 스토어는 750×1000으로 등록해야 고객이 네이버 쇼핑에 검색했을 때 이미지가 확대되거나 작거나 깨지지 않습니다.

시간이 지날수록 PC로 검색해서 구매하는 비율보다 모바일로 검색해서 구매하는 경우가 훨씬 많습니다. 그렇기 때문에 모바일 기준으로 640×640 사이즈로 했을 때 가장 좋은 해상도를 유지할 수 있습니다. 이미지 사이즈를 꼭 지켜서 등록해야 합니다.

되도록 흰 배경에 제품만 있는 이미지가 좋으며, 배경이 있더라도 상품과 혼동이 생기지 않도록 디피형 상품이나 복잡한 디자인을 제외한 배경 이미지가 좋습니다.
이미지 내 제품 설명과 관련된 텍스트를 삽입하는 것은 기피하는 것이 좋으며, 홍보를 위한 사업체 로고처럼 제품과 직접적인 관련 없는 텍스트나 이미지 또한 권장하지 않습니다.

사진 등록을 위해 추가 버튼을 클릭하면 사진 보관함 기능도 이용할 수 있습니다. 사진 보관함은 자주 사용하는 이미지를 네이버 서버에 등록해서 언제 어디서나 편하게 사진을 등록할 수 있는 기능입니다. 항상 들어가는 시그니처 이미지를 등록해두면 편하게 이미지를 사용할 수 있습니다. 특히 상세페이지에 들어가는 교환/환불/배송 내용을 이미지화해서 사진 보관함에 등록하여 사용하면 좋습니다.

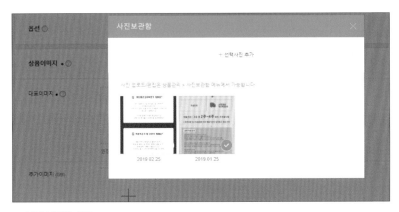

▲ 사진 보관함 활용

다음은 상세 설명 즉, 상세페이지 설정입니다. 상세 설명은 두 가지 방식, 직접 작성과 HTML로 작성이 가능합니다.

▲ 상세 설명

직접 작성은 스마트에디터 3.0을 활용하여 등록합니다. 스마트에디터 3.0은 우리가 흔하게 사용하는 블로그 작성 전산과 같은 것을 활용하여 상세페이지를 만들게 됩니다. 그렇기 때문에 다른 오픈마켓에 비해 친숙하고 익숙한 전산을 활용하기 때문에 보다 손쉽게 상세페이지 작성이 가능합니다.

HTML은 웹 코딩을 활용하여 상세페이지를 만드는 방법으로 코딩에 전문적인 지식이 있을 경우 활용이 가능합니다. 이 책에서는 직접 작성을 기준으로 상세페이지를 설명하겠습니다. 상세페이지를 만들기 위해 '스마트에디터 3.0으로 작성'을 클릭합니다.

▲ 상세페이지 작성

앞서 설명한대로 네이버 블로그 전산과 똑같기 때문에 큰 어려움이나 불편함은 없습니다. 여기서 중요한 점은 모바일 기준으로 검색이나 유입량 매출이 많기 때문에 모바일 기준으로 상세페이지를 작성하는 것입니다.

상세 설정 페이지 상단의 모니터 모양 아이콘을 선택하면 세 가지 아이콘이 확인됩니다. 첫 번째 아이콘은 기본 설정으로 PC 기준 상세페이지 작성입니다. 두 번째 아이콘은 아이패드같은 태블릿 기준 이고, 세 번째 아이콘은 모바일 기준입니다.

▲ PC 기준 상세페이지

모바일 아이콘을 클릭하면 본문 입력 창이 좁아지면서 모바일 기준
으로 상세페이지를 작성할 수 있게 됩니다. 모니터 아이콘을 선택해
서 PC 기준으로 상세페이지를 작성하게 되면 추후 고객이 모바일로
제품을 검색했을 때 가독성과 가시성이 많이 떨어집니다. 줄 넘김이
나 띄어쓰기도 엉성하게 표현되기 때문에 처음부터 모바일 기준으로
상세페이지를 작성하면 나중에 PC에서 봤을 때에도 문제가 없습니
다. 현재 고객 소비 성향이나 유입 경로를 본다면 꼭 모바일로 설정
후 상세페이지를 작성해야 합니다.

▲ 모바일 기준 상세페이지

상단의 템플릿 아이콘을 클릭하면 본인이 판매하는 아이템의 카테고
리에 맞춰 미리 만들어진 상세페이지가 상세 설명 본문에 들어가게
되고, 사진과 본문의 내용만 수정하면 누구나 잘 만들어진 상세페이
지를 만들 수 있습니다.

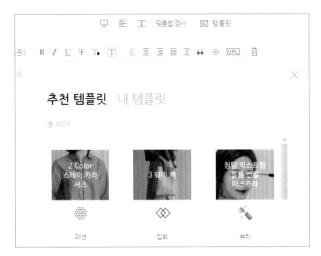

▲ 템플릿

포토샵이나 일러스트 활용이 어려운 사람들을 위해 네이버에서 제공하는 기능이니 유용하게 활용하기 바랍니다.

상세페이지 작성 시 이전에 사용하던 이미지 하나로 만들어진 것보다는 텍스트, 이미지, 텍스트, 이미지 번갈아 사용하며 입력하는 것이 좋으며, 가능하다면 동영상을 추가로 첨부하는 것도 좋습니다.

다음은 상품 주요 정보입니다. 여기부터는 사전에 설정한 카테고리별 항목이 상이합니다. 특별히 어려운 점은 없으며 필수로 기재해야 되는 항목만 기재해도 충분합니다. 자체 제작일 경우 가지고 있는 정보를 그대로 맞는 항목에 기입하면 됩니다.

▲ 상품 주요 정보

KC 인증의 경우 네이버에서 신경을 많이 쓰고 있습니다. 판매하려는
제품이 KC 인증이 되어 있는지 확인하고, 있다면 'KC 인증 있음'을
클릭하고, 어떤 인증을 받았는지 선택합니다.

▲ KC 인증 있음

KC 인증이 없다면 왜 없는지 설정해 주어야 합니다. 판매하는 제품
이 해외 구매대행이라면 구매대행을 설정하고, KC 인증은 아니지만
안전 기준을 준수하고 있다면 안전 기준 준수, KC 인증 대상이 아니
라면 아님을 설정합니다.

▲ KC 인증 없음

이후 설정은 판매하려는 상품에 맞춰 입력합니다.

▲ 원산지 등 입력

다음은 상품 정보 제공 고시입니다. 상품 정보 제공 고시는 판매하려는 아이템의 정보를 그대로 기입하면 됩니다. 대부분의 판매자가 설정 여부와 상품군은 판매하려는 제품의 정보를 기입하고, 품명과 모델명은 상품 상세 참조로 기입하여 사용합니다. 간편하게 넘어가고 싶다면 기본으로 설정해도 판매에는 무방합니다. 하지만 네이버의 정책상 이러한 항목도 상세히 적어주면 조금이나마 노출에 도움이 됩니다.

▲ 상품 정보 제공 고시

제조자는 직접 기입해도 되고 상품 상세 참조로 설정해도 무관합니다.

▲ 제조자

그 다음 설정해야 하는 세부 항목도 특별한 경우가 있다면 상품 상세 참조로 설정하고, 보편적인 법률에 따라 판매한다면 가장 맨 위 항목을 설정하면 됩니다.

▲ 상품 상세 참조

다음은 배송입니다. 배송에서는 배송에 관한 정보를 설정합니다.

▲ 배송 정보

배송 여부를 먼저 설정해야 하는데 여기서 배송은 실제로 상품을 발송하고 배송하는 경우 설정합니다. 배송 없음을 설정하는 경우는 쿠폰같이 실제 발송은 하지만 택배같은 물류를 거치지 않고 온라인으로 결제한 상품을 보내는 경우에 설정합니다.

▲ 배송 여부

배송 방법은 기본적으로 택배, 소포, 등기로 설정하면 문제가 없습니다. 그 외에 방문 수령으로 판매할 경우 방문 수령을 체크한뒤 판매자 주소록에 방문해야될 주소를 기입하면 방문 수령으로 판매가 가능합니다.

▲ 방문 수령

퀵서비스로 발송이 가능한 경우에는 퀵서비스를 체크하고, 배송 가능한 지역을 선택하면 설정이 완료됩니다. 해당하는 지역을 선택하면 되지만, 경기 지역의 경우 굉장히 넓기 때문에 세부적으로 설정이 가능합니다.

▲ 퀵서비스

경기 지역 전체 퀵서비스가 가능하다면 경기 지역 전체를 클릭하고, 그 외에 특정 지역만 가능하면 경기 지역 전체를 체크 해제합니다. 체크를 해제하면 경기 지역에서 시를 선택할 수 있는데, 가능한 지역을 체크하면 됩니다.

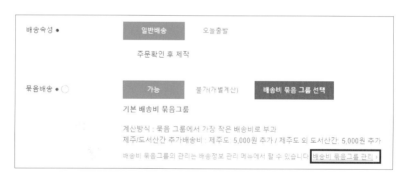

▲ 경기 지역 선택

다음은 배송 속성과 묶음 배송입니다. 배송 속성은 특별한 경우를 제외하고 모두 일반 배송으로 설정합니다. 여기서 중요한 것은 묶음 배송입니다. 배송비를 상품별로 부과할 것인지 묶음으로 해서 배송비를 한 번만 납부하게 할 것인지 설정합니다. 기본적으로 '가능'으로 설정하고 판매합니다. [배송비 묶음 그룹 관리]를 클릭합니다.

배송속성 ●   일반배송   오늘출발
                주문확인 후 제작

묶음배송 ●○   가능   불가(개별계산)   배송비 묶음 그룹 선택
                기본 배송비 묶음그룹
                계산방식 : 묶음 그룹에서 가장 작은 배송비로 부과
                제주/도서산간 추가배송비 : 제주도 5,000원 추가 / 제주도 외 도서산간: 5,000원 추가
                배송비 묶음그룹의 관리는 배송정보 관리 메뉴에서 할 수 있습니다. 배송비 묶음그룹 관리

▲ 배송 속성과 묶음 배송

묶음 배송이 설정되어 있다면 다음과 같이 확인됩니다. 설정되어 있지 않으면 [묶음 그룹 추가]를 선택합니다.

▲ 묶음 그룹 추가

선택하면 다음과 같은 탭이 생성됩니다. 묶음 그룹명은 원하는 것으로 작성하고 사용 여부를 선택합니다. 계산 방식은 원하는 방식으로 설정합니다.

▲ 배송비 묶음 그룹

그 다음 제주/도서산간 추가 배송비를 설정합니다. 설정하지 않아도 무관하지만, 설정을 해야 상품을 발송하면서 추가적인 금액이 발생하지 않습니다. 설정함을 클릭하면 배송 권역을 설정할 수 있습니다. 2권역/3권역으로 나누어져 있습니다. 2권역은 제주 지역만 추가 배송비를 설정하며, 3권역은 제주도를 포함한 도서 산간 지역에 추가 배송비를 설정할 수 있습니다. 본인이 이용하는 택배사에 문의하여 제주도와 도서산간 추가 배송비를 확인하여 기입하면 됩니다. 보통은 5,000원으로 기입합니다.

▲ 제주/도서 산간 추가 배송비

다음은 상품별 배송비 입니다. 여기서는 기본 배송비와 특정 상황을 만족시키면 무료 배송을 할 수 있게 설정할 수 있습니다.

▲ 상품별 배송비

상품별 배송비 옆의 탭을 클릭하면 다섯 가지 조건에 맞춰 배송비를 설정할 수 있습니다. 무료 탭은 말 그대로 무료 배송으로

▲ 배송비 조건부 무료

설정하는 방식입니다. 조건부 무료는 상품 판매가의 합계가 특정 금액 이상일 경우 무료 배송으로 설정하는 방식입니다. 기본 배송비를 원하는 가격으로 설정하고, 상품 판매가 합계 금액을 적으면 해당 금액 이상 구매 시 배송비가 자동으로 무료로 설정됩니다. 유료는 해당 아이템을 몇 개 구매해도 무조건 배송비가 발생되는 방식입니다.

수량별은 기본 배송비를 설정하고 특정 개수마다 기본 배송비를 부과하는 방식입니다. 다음과 같이 10개를 설정했는데 고객이 11개를 구매했다면, 10개까지 4,000원의 배송비가 발생되고 1개가 초과되었기 때문에 다시 한번 4,000원이 추가되어 총 8,000의 배송비가 발생되는 방식입니다.

▲ 수량별 배송비

▲ 구간별 배송비

구간별은 앞서 설명한 수량별 설정 방식과 비슷합니다. 수량별은 무조건 일정 개수 이상 기본 배송비만 반복되지만, 구간별에서는 조건부 무료 방식과 수량별 방식이 섞인 조합형 방식이라고 생각하면 됩니다.

특정 개수까지는 무료 배송으로 설정할 수 있으며, 그 이상 주문할 경우 배송비를 추가적으로 발생되게 설정할 수 있으며 수량별처럼 기본 배송비가 아닌 원하는 금액을 기입해서 추가 배송비를 설정할 수 있습니다. 구간별 추가 배송비는 만 원 이상 설정이 불가능합니다.

다음은 반품/교환입니다. 반품 교환은 해당 상황이 발생했을 경우 배송비를 어떻게 할 것인지 택배를 어디로 받을 것인지 설정합니다. 본인이 이용하는 택배사가 있다면 반품/교환 택배사 란에 해당 택배사를 입력합니다. 그 다음 반품 배송비에는 유료 배송이었다면 2,500원, 무료 배송이었다면 고객에 발송할 때 판매자가 배송비를 대신 납부했기 때문에 해당 택배비까지 포함해서 5,000원으로 설정합니다. 택배비가 더 비쌀 경우 그 금액에 맞춰 넣어주면 됩니다.

▲ 반품/교환 설정

여기까지 설정한다면 상품 등록에는 문제가 없습니다. 그 외에 태그나 노출에 관한 내용은 마케팅 파트에서 설명하겠습니다.

필자가 스마트스토어를 처음 접하고 사업을 시작하면서 가장 신경을 많이 썼던 것은 상품 등록이었습니다. 당시만해도 많은 셀러가 상세페이지에 정말 많은 공을 들였습니다. 스크롤이 언제 끝날까 싶을 정도로 이미지로 가득 채워진 상세페이지였습니다. 필자도 당연히 그렇게 해야 된다 생각했고, 하나를 올리더라도 정말 정성스럽게 작업했습니다. 하지만 매출은 저조했습니다. 그 뒤로 '스마트스토어는 나와 맞지 않는 것 같다' 생각하고 해외 오픈마켓으로 눈을 돌렸습니다. 다행히 만족할 만한 결과가 있었고, 해외 오픈마켓에서 얻은 노하우를 바탕으로 다시 스마트스토어에 도전하여 기대 이상으로 큰 성공을 거뒀습니다.

성공에 가장 큰 포인트는 바로 상세페이지의 중요도를 많이 낮춘 것이었습니다. 언뜻 이해가 안 될 수도 있습니다. 해외 오픈마켓의 경우 상세페이지가 없다 싶을 정도로 신경을 안 쓰고 간략하게 텍스트로만 구성하는 경우가 많습니다. 사실 상세페이지를 보여주기 위해서는 많은 난관을 거쳐야만 합니다.

상세페이지를 보여 주기 위해서는 전제 조건이 필요합니다. 바로 고객이 내 상품을 클릭해야 한다는 것입니다. 그 다음 클릭이 일어나려면 또 전제 조건이 필요합니다. 바로 검색에 잡혀야 한다는 것입니다. 검색에 잡히려면 또 전제 조건이 필요합니다. 검색에 잡힐 만한 키워드입니다.

이렇듯 상세페이지를 고객에게 노출하기 위해서는 앞에 넘어야 하는 난관들이 산적해 있습니다.

매출이 적은 스토어를 컨설팅하다 보면 상세페이지에 너무 힘이 들어가 있는 경우가 많습니다. 어느 하나 불필요한 것은 없겠지만, 한정된 인원과 시간으로 모든 업무를 완벽하게 해내기는 쉽지 않습니다. 그렇다면 일에 우선순위와 중요도를 나누어서 효율적으로 업무를 하는 것이 중요합니다. 상품 하나가 판매되는데 있어 상세페이지는 다른 요소들에 비해 비중이 낮습니다. 위에서 설명한 전제 조건이라는 것이 바닥에 깔리기 때문입니다.

온라인 마켓에서 남들보다 앞으로 나아가기 위해서는 트렌드를 먼저 읽는 것이 중요합니다. 어떻게 하면 더 많은 유입량과 제품 클릭수를 늘리는 가의 싸움인 것 같습니다. 상품이 판매되는데 가장 중요한 지표는 구매전환율이고, 이 구매전환율은 얼마나 많은 상품을 클릭했는가에 따라 달라집니다. 상세페이지를 보면서 얼마나 구매 욕구를 자극시켰는지는 나중 문제입니다.

상세페이지에 쏟았던 열정을, 상품이 검색에 잡혔을 때 어떻게 하면 클릭을 더 유발할 수 있을지 고민해보면 보다 매출이 올라갈 것입니다.

이번에는 발주/발송 처리 방법을 알아보
겠습니다. 새로운 주문이 들어왔다면 [판
매 관리]-[발주/발송 관리]로 들어갑니다.

▲ 판매 관리 메뉴

발주/발송 관리 창에서 신규 주문을 클릭합니다.

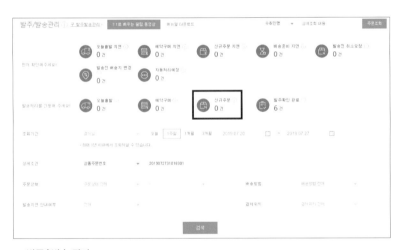

▲ 발주/ 발송 관리

신규 주문이 들어왔다면 이렇게 확인이 가능합니다. 여기서 상품 주
문 번호 앞을 클릭해 체크하고 발주 확인을 클릭합니다.

▲ 발주 확인

그 다음 발주 확인 완료를 클릭합니다.

▲ 발주 확인 완료

다음과 같은 화면이 확인됩니다. 상품 주문 번호 앞에 박스를 체크해 주고, 배송 방법, 택배사, 송장 번호를 입력합니다. 배송 방법은 판매 자가 어떻게 제품을 발송할 것인지 확인하여 맞는 것을 선택합니다.

▲ 배송 방법 선택

다음에는 발송하려는 택배사를 선택합니다.

▲ 택배사 선택

그리고 발송하는 제품의 송장 번호를 확인해서 기입합니다. 여기서 택배사와 송장 번호가 서로 일치하지 않으면 송장 조회가 안 되기 때문에 기입 후 꼭 확인해야 합니다.

▲ 송장 번호 기입

주의할 점은 모든 신규 주문은 발송 기한이 존재합니다. 목록 창에서 상품 아래 스크롤을 오른쪽으로 이동하면 발송 기한이 확인됩니다. 기한 내 발송이 되지 않으면 패널티가 있으니 주의해야 합니다.

▲ 발송 기한

기한 내 발송이 어려울 경우 발송 지연 안내를 통해 기한 연장이 가능하며, 발송 기한 연장은 1번만 가능하기 때문에 배송 일정이 정확한 날짜를 설정해야 합니다.

여기까지 처리했다면 배송중으로 해당 상품이 넘어간 것이 확인됩니다. 이후 발송 기한 안에 해당 상품을 고객에게 발송하면 됩니다.

▲ 배송 현황 관리

3 정산 받는 것도 일이다

온라인으로 판매하는 만큼 정산은 정말 중요합니다. 그저 돈을 송금 받는다는 개념에서 나아가 좀더 세밀하게 확인한다면, 앞으로 다가 오는 세금이나 자금 운용에 큰 도움이 됩니다.

[정산 관리]-[정산 내역]으로 들어갑니다. 여기에서는 일반적으로 정 산 내역을 살펴볼 수 있습니다. 상단 [나의 수수료]를 클릭합니다.

▲ 정산 내역

여기에서는 현재 나의 수수료율이 확인 가능합니다. 네이버 수수료 가 보통 4%로 고정이라는 이야기도 나오지만 사실은 다릅니다. 다음 과 같이 달 별로 나의 수수료가 다름을 확인할 수 있습니다. 그렇기 때문에 실제로 판매하는 상품의 판매가에서 본인에게 떨어지는 마진 은 매달 달라질 수 있습니다.

▲ 평균 수수료율 3.58%

▲ 평균 수수료율 3.51%

하루하루 수수료가 달라지는 것도 확인 가능합니다. 결과적으로 나의 수수료는 매일 달라지기 때문에 매일 확인하는 습관을 기른다면 나의 순수익에 큰 도움이 됩니다.

조회결과					
정산예정일		2019.10.08 ~ 2019.11.06	정산기준일		2019.10.07 ~ 2019.11.05
			정산수단별 수수료 기준금액		
정산예정일	정산 완료일	신용카드 (3.74%)	계좌이체 (3.45%)	모통합결제 (3.37%)	휴대폰결제 (3.85%)	보로 결제 (3.72%)
2019.10.08	2019.10.09	14,869	0	0	71,000	
2019.10.10	2019.10.10	41,000	0	0	0	
2019.10.11	2019.10.11	60,000	0	0	33,000	
2019.10.14	2019.10.14	0	46,900	0	0	
2019.10.15	2019.10.15	83,000	0	0	0	
2019.10.16	2019.10.16	128,000	89,000	0	42,171	

▲ 수수료 정산

매출에는 이유가 있다, 네이버 통계

네이버 통계를 알면 미래가 보인다

스마트스토어를 운영하는 판매자에게 질문 하나 해보겠습니다. '통계 자료를 분석해 본 적이 있나요?' 아마 대부분 'NO'라고 대답할 것입니다. 스마트스토어를 운영하는 사람들 중에 통계를 분석하거나 활용하는 분들을 많이 만나진 못했습니다. '뭔지 잘 모르겠다' '별 도움이 안 된다' '귀찮다' 등 다양한 의견이 있었습니다. 이렇듯 아직도 통계를 적극적으로 활용하는 사람이 많지 않다는 뜻입니다.

하지만 통계야말로 스마트스토어를 객관적으로 확인할 수 있는 지표입니다. 통계 자료를 통해 강점과 약점을 파악하여 마케팅 방향과 광고의 방향을 잡아야 합니다.

▲ 스마트스토어 통계 전자상거래 요약

스마트스토어 센터에서 제공하고 있는 자료는 요약, 판매 분석, 마케팅 분석, 상품별 쇼핑 행동, 시장 벤치마크, 고객 현황, 재구매 통계를 확인할 수 있습니다. 덕분에 다양한 자료를 마케팅에 활용할 수 있습니다.

②. 전자상거래 요약

스마트스토어 센터 좌측에 [통계]-[요약] 메뉴를 선택합니다. 첫 화면은 전자상거래 요약을 확인할 수 있는 페이지입니다. 요약 보고서에서는 성과 분석에 꼭 필요한 핵심 지표들만 모아서 보여줍니다. 가장 상단에는 어제의 주요 성과 지표들을 보여주는 '스코어카드' 영역으로 판매자에게 중요한 지표들을 핵심적으로 요약하여 보여주는 리포트입니다.

어제 날짜 기준으로 방문자, 결제 금액, 결제 건수 등 다양한 주요 성과를 카드 형태로 확인할 수 있습니다. 여기서 유입수와 유입당 결제율 값을 주의 깊게 확인합니다. 유입당 결제율 즉, 구매전환율의 비율이 어느 정도인지 확인할 수 있습니다.

카테고리나 판매 방식에 따라 차이가 있을 수 있지만, 평균 구매전환율은 2~3% 정도 나와야 합니다. 2% 이하라면 좀 더 세부적으로 어느 부분에 문제가 있는지 파악할 필요가 있습니다.

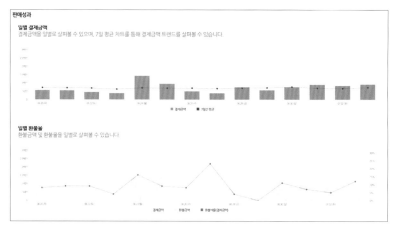

▲ 판매 성과

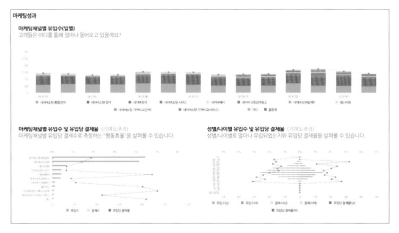

▲ 마케팅 성과

▲ 상품 성과

전자상거래 요약 하단에는 세부 보고서들에서 확인할 수 있는 데이터 중 주요 차트들을 모아 놓은 것으로 한 화면에서 판매 성과와 마케팅 성과 그리고 상품 성과를 확인할 수 있습니다.

스코어카드 하단의 데이터는 기본적으로 지난 14일의 데이터가 조회되며, 날짜를 변경하여 기간을 선택하면 판매 성과 및 마케팅 성과의 주요 지표들을 비교해 볼 수 있습니다. 말 그대로 한 장으로 보는 요약본이라고 생각하면 됩니다. 해당 자료는 각 메뉴에서 더욱 상세하게 볼 수 있습니다.

 **오늘 보고서**

오늘 보고서는 '내 사이트에 대한 오늘의 사업 성과를 '결제 금액', '유입수' 지표를 이용하여 다른 날짜와 비교하여 오늘 사업의 진행 상황을 살펴볼 수 있는 보고서입니다. 오늘과 다른 날짜를 비교할 때 제공되는 지표는 다음과 같습니다.

○ 결제 금액 (시간대별/누적 결제 금액, 상품별 결제 금액)
○ 유입수 (시간대별/누적 유입수, 마케팅 채널별 유입수)

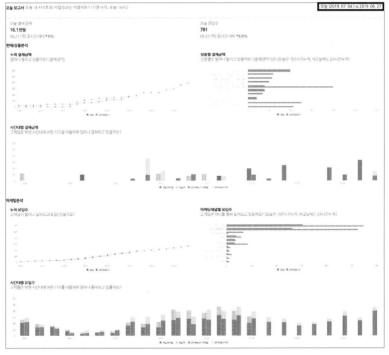

▲ 오늘 보고서

우측 상단의 비교 [날짜 선택기(Date Picker)]를 클릭한 뒤 오늘과 '비교할 날짜'를 선택하고 적용 버튼을 클릭합니다. 화면에 나온 '오늘의 정보'와 '비교 날짜'의 정보를 비교하여 오늘의 사업을 평가하고, 필요하면 해당 상품에 대해 수정 등 조치하고 그 결과를 살펴볼 수 있습니다.

오늘 보고서는 다음날 0:59까지 제공됩니다. 예를 들어, 10/25의 마감 결과(=10/25 23시(23:00~23:59)까지의 결과)를 10/26 0:59까지 제공합니다. 비교 날짜의 기본 설정은 7일 전(지난주 동일 요일)입니다(비교 날짜는 변경 가능합니다). 일반적으로 지난 시간대가 종료된 후 약 15분 지난 시간대의 정보가 완전히 제공됩니다.

예를 들어, 14시(14:00~14:59)의 데이터는 15시 15분경 제공됩니다. 그전에 살펴보면 리포트 값이 불완전할 수 있습니다. 데이터 갱신 주기는 1시간입니다. 화면은 자동 갱신되지 않습니다. 키보드의 F5 버튼이나 우측 하단의 [보고서를 새로고침]을 클릭하거나 다른 보고서를 갔다가 다시 들어오면 화면이 갱신됩니다.

오늘 이 시각 현재 방문자와 비교하고자 하는 날짜의 데이터를 비교할 수 있습니다. 비교 날짜의 동 시간대와 비교했을 때 오늘 지표의 상승/하락을 %로 보여줍니다. 예를 들어, 현재 시각 07/04 16:00인 경우 비교 날짜가 06/27이라면, 07/04의 16시까지의 데이터와 06/27의 16시까지의 누적 데이터를 비교하여 %로 증감을 보여줍니다.

4 판매 분석

판매 분석 보고서에서는 일자별, 상품별, 고객별, 유입 경로별 판매 성과를 분석하여 제공합니다. 상품별로 판매 데이터를 분석하는 것은 중요한 과정입니다.

예를 들어, 어떤 상품이 지난주에는 판매량이 많은데 이번주에는 판매량이 적다면 그 이유를 보고서에서 찾아볼 수 있습니다. 유입 경로를 통해 지난주 판매량과 이번주 판매량을 비교하여 검색을 통해 유입되었는지 광고를 통해 유입되었는지 확인 가능하며, 방문자수 대비 결제 비율을 확인한다면 매출의 증감 이유를 통계 데이터를 통해 유추해볼 수 있습니다.

판매 분석의 판매 성과 메뉴에서는 결제 금액, 환불 금액, 환불율을 일별, 요일별로 확인할 수 있습니다.

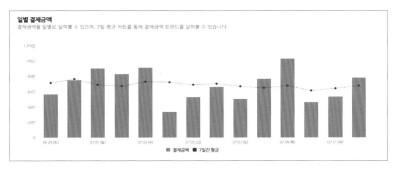

▲ 일별 결제 금액

다음과 같이 스마트스토어의 일별 결제 금액을 확인할 수 있으며 7일 간 평균 결제 금액도 그래프를 통해 확인 가능합니다.

해당 스마트스토어는 그래프를 통해 주말인 금, 토, 일요일에는 결제 금액이 낮고 월, 화, 수, 목요일에 결제 금액이 높은 것을 확인할 수 있습니다.

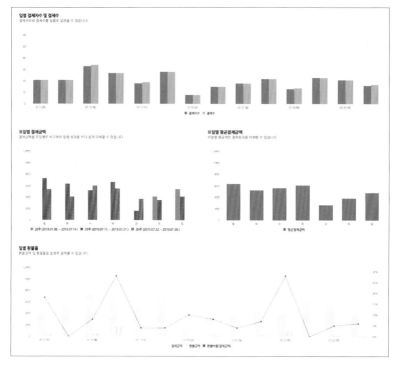

▲ 일별 결제수 및 금액

상품 성과 분석 자료는 상품 카테고리(소)에서 많이 판매된 상품과 상품별 결제 금액을 확인할 수 있습니다. 설정한 기간 동안 실제로 판매량이 많은 카테고리와 상품별 결제 금액을 확인할 수 있기 때문에 판매가 저조한 카테고리와 상품을 확인하여 상품 페이지 내용을 수정하거나 광고 진행 내용을 보완 수정합니다.

▲ 상품 성과

상품/마케팅 채널 분석 자료는 상품 판매에 기여한 마케팅 채널들을 상품 카테고리, 상품별로 확인할 수 있습니다. 설정한 기간 동안 네이버 쇼핑, 네이버 페이, 네이버 검색, 네이버 톡톡, 웹사이트, 네이버 쇼핑 검색 광고 등 마케팅 채널별 유입과 결제 금액을 확인할 수 있습니다. 네이버 광고 또는 SNS 광고를 진행하고 있다면 해당 자료를 통해 성과를 분석할 수 있습니다.

▲ 상품/마케팅 채널

상품/검색 채널 분석 자료는 상품 카테고리(소)별 상품 판매에 검색 채널들이 얼마나 기여하는지 확인할 수 있습니다. 결제 금액 TOP10 상품의 키워드별 결제 금액을 확인할 수 있습니다. 내 스토어의 인기 상품을 어떤 키워드로 검색하여 구매하였는지 알 수 있으므로 비슷한 상품을 판매할 때 활용하거나 광고에 활용할 수 있습니다.

광고는 판매량이 낮은 상품에만 집중하는 것이 아니라 일정 수준의 판매량이 나오는 상품에 광고를 통해 힘을 실어주면 더 효과적입니다.

▲ **상품/검색 채널**

상품/인구 통계 분석 자료는 상품 카테고리 및 상품의 결제 금액을 성별/나이별로 확인할 수 있습니다. 판매 분석의 상품/인구 통계 메뉴에서는 상품 카테고리에 따라 성별 결제 금액과 나이별 결제 금액 그리고 성별 결제 금액 비율과 나이별 결제 금액 비율을 확인할 수 있습니다. 스마트스토어의 카테고리에 성비와 연령대를 분석하여 상품 페이지의 내용을 타깃에 맞춰 수정하여 구매전환률을 높일 수 있습니다.

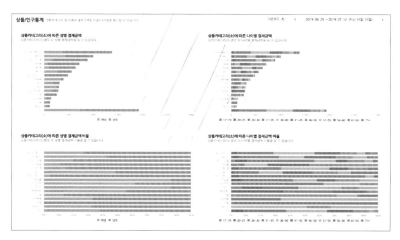

▲ 상품/인구 통계

상품/고객 프로파일 분석 자료는 상품 카테고리 및 상품의 결제 금액을 고객 프로파일로 구분하여 확인할 수 있습니다. 네이버의 인공지능 기술을 통해 추정된 것으로 상품 카테고리 및 상품의 결제 금액을 결혼 여부, 가구 인원수, 직업, 자녀 여부와 함께 확인할 수 있습니다.

이러한 자료들을 통해 상품을 등록할 때 타깃을 잡고 이미지나 문구를 대상에 맞게 활용 가능합니다. 광고에서도 세부적으로 연령, 성별, 지역, 결혼 여부, 자녀 유무 등 구체적인 타깃을 정하여 효과적으로 활용할 수 있습니다.

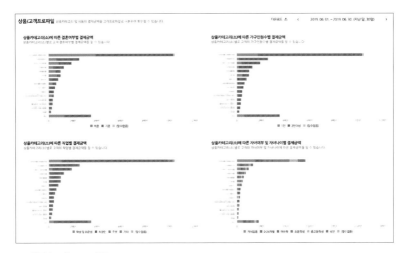

▲ 상품/고객 프로파일

이외에도 상품별 쇼핑 행동, 시장 벤치마크, 고객 현황, 재구매 통계를 확인할 수 있습니다. 스마트스토어 내부에서 이렇게 세부적으로 통계 자료를 확인하고 분석했다는 것은 그만큼 활용 가치가 높다는 뜻입니다. 통계 자료를 통해 주력 카테고리에 맞는 데이터를 추출하여 다양하게 활용해야 합니다.

네이버의 통계 분석 자료는 충성 고객을 만들어가는 데 활용할 수 있습니다. 재구매 고객에게는 별도로 사은품을 보내거나 혜택 등록에서 할인 쿠폰을 발행하는 등 추가적인 고객 관리를 하고, 등급별 할인 혜택을 제공함으로써 단골을 많이 만들어야 합니다.

네이버 쇼핑에서 MY 단골 콘텐츠를 강화함으로써 스토어의 상품과 혜택을 홍보하고 단골과의 소통을 강조하고 있습니다. 그렇기 때문에 스마트스토어를 운영하고 상품을 판매하면서 통계 자료를 적극적으로 활용해야 합니다.

스마트스토어 마케팅 채널 분석 통계에서 페이스북, 인스타그램 등 SNS 광고를 통한 유입을 자세하게 확인할 수 있습니다. SNS를 통해 내 상품을 광고하고 유입과 구매가 얼마나 일어나고 있는지 측정할 수 있게 되었습니다. 스마트스토어 상품이라고 네이버 검색에만 의존하는 것이 아니라, 다양한 채널을 통해 광고하여 고객을 유입시키고 있습니다. 이렇게 축적된 데이터는 상품의 최적화 과정에 중요한 자료로 활용할 수 있습니다.

외부 유입에 대한 리포트를 받기 위해서는 SNS 광고를 할 때 URL 파라미터를 광고와 연결하는 별도의 설정이 필요하기 때문에 네이버 스마트스토어 매뉴얼을 참고하기 바랍니다.

보통은 대행사를 통해 광고를 진행하지만, 처음에 직접 해보면서 흐름을 파악한다면 다음에 대행사를 통해 광고를 운영하더라도 원활한 커뮤니케이션을 할 수 있습니다. 또한 광고 대행사에서 제공하는 보고서를 받아본다면 몰랐던 부분을 알게 되기도 하고 세부적인 마케팅 계획을 수립할 수도 있습니다.

최근 전화, 이메일, 톡톡 등으로 네이버 혹은 네이버 대행사/제휴사를 사칭한 일부 업체들이 네이버를 이용하는 사업주들을 대상으로 광고 구매 및 대행을 권유하며 금전적인 피해를 발생시키는 사례가 많습니다. 광고를 직접 운영하기 어렵다면 이러한 피해를 받기 전에, 네이버와 공식 계약을 맺은 '네이버 검색 광고 공식 대행사'를 통해 운영 계약을 맺는 것이 바람직합니다.

정답은 없지만
노력은 배신하지 않는다,
상위 노출 전략

📋 영원한 상위 노출은 없다

스마트스토어를 운영하면서 가장 많이 고민하게 되는 것 중 하나를 꼽으라면 바로 상위 노출일 것입니다. 많은 판매자가 상위 노출을 위해 고군분투하고 있습니다. 상위 노출이 되면 판매량이 눈에 띄게 증가하는 것은 사실이기 때문입니다.

상품이 3페이지에 있을 때의 판매량과 1페이지에 있을 때 판매량이 다르고, 1페이지에서도 하위에 있을 때와 상위에 있을 때 주문량은 큰 차이를 보입니다. 그렇다면 어떻게 해야 1페이지에 첫 번째 상품으로 노출될 수 있을까요? 사실 정답을 아는 사람은 아무도 없을 것입니다. 다만 네이버에서 주는 힌트를 바탕으로 최대한 그 기준에 맞추려고 노력하는 것입니다.

네이버의 알고리즘은 계속 변화하고 진화합니다. 1페이지 첫 번째에 있는 상품이 판매량도 많고 리뷰도 괜찮았는데, 어느날 보니 3페이지로 밀려나 있는 황당한 경우를 종종 볼 수 있습니다. 따라서 변화에 적응하고 대처해 나가야 합니다. 그리고 1페이지 최상단 첫 번째에 있다고 해서 무조건 팔리는 것도 아니라는 것을 염두에 두어야 합니다. 지금부터 네이버에서 요구하는 기준에 따라 상위 노출 확률을 높이는 전략을 하나씩 살펴보겠습니다.

🛒 2 상위 노출을 위한 카테고리

상품을 등록할 때 처음 마주하게 되는 것이 바로 카테고리입니다. 판매하는 상품이 적정한 카테고리가 아니면 카테고리가 옮겨지는 경우도 있으며 노출이 안 되는 경우가 정말 많습니다.

예를 들어 '강아지백팩' 검색어의 경우 [생활/건강 〉 애완 〉 애견용품 〉 캐리어]와 매칭되었을 때 상위에 노출될 확률이 높아지지만 [생활/건강 〉 애완 〉 의류/잡화 〉 소품잡화], [출산/육아 〉 유아잡화 〉 가방 〉 캐리어백]과 같은 카테고리에 매칭했다면 '강아지백팩'으로 검색해도 상위 노출은 어렵게 됩니다.

네이버의 알고리즘이 카테고리 선호도가 높다고 판단되면 해당 상품의 노출 확률이 높아지기 때문입니다. 또한 상품명에 카테고리명이 포함되어 있지 않더라도 관련 키워드로 검색이 가능합니다. 따라서 상품에 맞는 카테고리를 매칭하고 관련 없는 키워드나 카테고리명은 상품명에 입력하지 않는 것이 좋습니다.

▲ '강아지백팩' 키워드 카테고리

간혹 이 상품이 어떤 카테고리와 맞는지 몰라 한 상품을 여러 카테고리에 똑같이 등록하는 경우가 있습니다. 이는 네이버 정책 위반으로 상품 판매 중지 또는 이용 정지를 당할 수 있으니 주의해야 합니다.

판매하고자 하는 상품이 네이버 알고리즘의 선호도에서 높은 평가를 받을 수 있는 카테고리인지 알아보려면 해당 상품의 키워드를 네이버 쇼핑에서 검색하여 상위에 노출되는 상품들의 카테고리를 보면 알 수 있습니다. 예를 들어, 오브제 형태의 '액자테이블'의 경우 액자에 넣어야 할지 테이블에 넣어야 할지 고민됩니다. 다음의 검색 결과를 보면 액자테이블은 다용도 테이블, 거실 테이블, 사이드 테이블 카테고리에 등록할 수 있지만, 상위에 노출된 카테고리는 '다용도테이블'인 것을 확인할 수 있습니다.

▲ 네이버 쇼핑에서 '액자테이블' 검색 결과

③ 상위 노출을 위한 키워드

상품명은 알고리즘에 의해 상품과의 연관성과 선호도 및 신뢰도에 따라 상위 노출과 우선 노출이 될 수 있습니다. 본인의 상품을 구매할 수 있도록 하기 위해서는 고객이 원하는 상품명을 써야 한다는 의미와 같습니다. 그렇기 때문에 고객이 어떤 키워드로 상품을 검색하는지 분석하여 내 상품의 노출 가능성이 높은 키워드를 찾아 상품명을 입력해야 합니다.

다양한 키워드 추출 방법을 통해 노출 가능성이 높은 키워드를 찾아 고객이 상품을 구매할 때 검색하는 상품명을 만드는 방법에 대해 알아보겠습니다.

네이버가 요구하는 상품명에 대해 알아보겠습니다. 스마트스토어 상품 등록 화면의 상품명 작성 부분을 보면 '판매 상품과 직접 관련이 없는 다른 상품명, 스팸성 키워드 입력 시 관리자에 의해 판매 금지될 수 있습니다'라고 친절하게 안내되어 있습니다. 이 말은 다음과 같은 키워드가 입력되면 노출에도 도움이 안 된다는 말과 같습니다.

▲ 스마트스토어 상품명 작성

상품명에는 중복된 단어, 상품과 관련 없는 키워드, 할인 정보 등을 제외하고 간결하게 작성해야 합니다.

브랜드, 제조사, 시리즈, 모델명은 공식 명칭만을 사용하고, 동의어/유의어는 검색에서 자동 처리되기 때문에 중복으로 기재할 필요가 없습니다. 가능하면 외래어 표기에 따른 한글로 기재하는 것이 좋습니다.

대표적인 상품명 예를 보겠습니다. 간결하지만 고객이 원하는 정보는 모두 담고 있습니다.

애플 뉴맥북프로 MGXC2KH/A (레티나 15인치, 256GB SSD)

반면 다음과 같이 특수문자, 키워드 반복 입력, 할인 내용, 배송 관련 키워드 등은 노출에 악영향을 끼치게 됩니다. 이벤트와 관련된 문구는 상품명에 작성하지 않고 상품을 등록할 때 이벤트 항목에 작성함으로써 노출에 영향을 주지 않으며 고객에게는 상품명과 함께 노출할 수 있습니다. 상품을 등록할 때 입력하는 상품명은 내 상품과 관련된 키워드를 나열한다고 생각하면 됩니다.

[10%할인] [스마트폰분실방지기기]휴대폰분실방지기기/다기능스마트폰분실방지기기 삼성 엘지 가성비갑 ♦요미샵♦(무료배송)

고객들도 가독성이 떨어지는 상품명은 좋아하지 않습니다. 상품명에 특수문자나 의미 없는 키워드들이 나열되어 있다면 거부감을 느끼게 됩니다. 고객이 원하는 하나의 키워드가 중요합니다. 불필요한 내용은 빼고 고객이 원하는 키워드에 집중해야 합니다. 키워드가 상품의 노출을 결정하고 고객이 상품을 구매하는 데 영향을 주기 때문에 상품명을 만들 때 이를 유념해야 합니다.

* 브랜드/제조사/카테고리/판매처 다수 노출

세부 내용	BAD	CLEAN	GOOD
브랜드 키워드 다수 노출 (동일 혹은 서로 다른 브랜드 모두 포함)	[핏플랍][BIRKENSTOCK] 암스테르담 다크그레이 여성 슬리퍼 RFSO8F501G3	[핏플랍][BIRKENSTOCK] 암스테르담 다크그레이 여성 슬리퍼 RFSO8F501G3	버켄스탁 암스테르담 다크그레이 여성 슬리퍼 RFSO8F501G3
제조사 키워드 다수 노출 (동일 혹은 서로 다른 제조사 모두 포함)	[LG 전자][LG 전자] LG 올레드 TV 스탠드형 OLED55E8KS	[LG 전자][LG 전자] LG 올레드 TV 스탠드형 OLED55E8KS	LG 전자 올레드 TV 스탠드형 OLED55E8KS
카테고리 키워드 다수 노출	빅사이즈 1~10 인용 /원터치모기장 방충망 모기 모기장텐트 텐트 여름 파리 벌레퇴치기 해충퇴치기	빅사이즈 1~10 인용 /원터치모기장 방충망 모기 모기장텐트 텐트 여름 파리 벌레퇴치기 해충퇴치기	원터치 모기장 텐트형 (1~10 인용)
판매처 키워드 노출	박데렐라 카라 브이넥 벨트 롱 원피스	박데렐라 카라 브이넥 벨트 롱 원 피스	카라 브이넥 벨트 롱 원피스
오프라인 판매지점 노출	엠씨 [롯데백화점][롯데일산점]13 년여름 한핫한반팔원피스 C32O050	엠씨 [롯데백화점][롯데일산점]13 년여름 한핫한반팔원피스 C32O050	엠씨 반팔 원피스 C32O050 (2013년 여름)

* 배송/할인/주문/판매조건/가격 관련 문구 삽입

세부 내용	BAD	CLEAN	GOOD
무료배송, 당일발송, 빠른배송, 배송비포함	(무료배송) 레이온 트임 루즈핏 티셔츠, 5 컬러	(무료배송) 레이온 트임 루즈핏 티셔츠, 5 컬러	레이온 트임 루즈핏 티셔츠 (5 컬러)
사은품증정	[코원 PLENUE1 128GB]코원플레뉴 출시기념사은품증정[코원 BP2+64GB 메모리+[사은품증정][코원 BP2+64GB 메모리+보호필름]]	[코원 PLENUE1 128GB]코원플레뉴 출시기념사은품증정[코원 BP2+64GB 메모리+[사은품증정][코원 BP2+64GB 메모리+보호필름]]	코원 PLENUE1 128GB
무이자할부	[최대 12 개월 무이자할부] 오랄비 프로페셔널케어 3000 (D20.525)	[최대 12 개월 무이자할부] 오랄비 프로페셔널케어 3000 (D20.525)	오랄비 프로페셔널케어 3000 (D20.525)
가격	[온앤온](기존가:178,000 원)체크무늬소매트임원피스(NW4AO755)	[온앤온](기존가:178,000 원)체크무늬소매트임원피스(NW4AO755)	온앤온 체크무늬 소매트임 원피스 NW4AO755
할인, 세일, 시즌오프	[19% 즉시할인][바바리] 여성 통급 슬림백 BBB512 GY	[19% 즉시할인][바바리] 여성 통급 슬림백 BBB512 GY	바바라 여성 통급 슬림백 BBB512 GY
기획, 특가, 최저가, 저렴	[티아이포맨] 2013 S/S 초특가 라이트그레이 캐쥬얼 슬렉스 슬림 면바지 M134PPT073	[티아이포맨] 2013 S/S 초특가 라이트그레이 캐쥬얼 슬렉스 슬림 면바지 M134PPT073	티아이포맨 캐쥬얼 슬렉스 슬림 면바지 M134PPT073 (2013 S/S. 라이트그레이)

* 수식어 사용

세부 내용	BAD	CLEAN	GOOD
데모 다수 노출	실버 오닉스 육각 반지 10 대 20 대 30 대	실버 오닉스 육각 반지 10 대 20 대 30 대	실버 오닉스 육각 반지
날짜 다수 노출	[중국패키지]4 월 5 월 6 월 청도여행 청도 2 박 3 일	[중국패키지]4 월 5 월 6 월 청도여행 청도 2 박 3 일	중국 청도 패키지여행 2 박 3 일 (4 월)
기념일 다수 노출	메탈/액자/알루미늄 /생일/결혼/백일/돌/기념/선물/사진/포토/영정/인 테리어/장식/영구적	메탈/액자/알루미늄 /생일/결혼/백일/돌/기념/선물/사진/포토/영정/인 테리어/장식/영구적	메탈 알루미늄 사진 액자 (A4 A3 A2 A1)
지역명 다수 노출	오키나와 3 일 [긴급모객] 일본 오키나와 패키지 /오키나와 2 박 3 일 여행지 3 박 4 일 일본여행지 오키나와 에어텔 4 일/카리유시비치	오키나와 3 일 [긴급모객] 일본 오키나와 패키지 /오키나와 2 박 3 일 여행지 3 박 4 일 일본여행지 오키나와 에어텔 4 일/카리유시비치	오키나와 에어텔 2 박 3 일
이미테이션	fend★st 롱가디건	fend★st 롱가디건	롱 가디건 (아크릴 울 혼방, 연그레이)
연예인착용 정품, 브랜드 명품 정품	TATTOO 타투선글라스 TA3003S-03 브랜드 연예인착용 정품	TATTOO 타투선글라스 TA3003S-03 브랜드 연예인착용 정품	TATTOO 선글라스 TA3003S-03
홍보성 수식어	가성비갑 하트 테슬 반지갑	가성비갑 하트 테슬 반지갑	하트 테슬 반지갑

세부 내용	BAD	CLEAN	GOOD
동일한 단어 반복 사용	LF 본보야지 네임텍 캐리어네임텍 여행가방네임텍 (본보야지네임텍)	LF 본보야지 네임텍 캐리어네임텍 여행가방네임텍 (본보야지네임텍)	LF 본보야지 여행 캐리어 네임텍
동의어/유의어 반복 사용	[스마트폰분실방지기]다기능휴대폰 분실방지기/휴대폰분실방지기/휴대폰분실방지/가디/귀중품분실방지기/도난방지/개인정보유출방지/스마트폰분실방지 가디	[스마트폰분실방지기]다기능휴대폰 분실방지기/휴대폰분실방지기/휴대폰분실방지/가디/귀중품분실방지기/도난방지/개인정보유출방지/스마트폰분실방지 가디	스마트폰 분실 방지기 /휴

• 홍보 문구 상품과 관련 없는 정보 포함 지나치게 긴 상품명

세부 내용	BAD	CLEAN	GOOD
홍보 문구	Boutique padding wool coat(2c)-같감은 두툼한 울 안감은 누빔패딩으로 찬공기 완벽 차단! 국내 생산제품으로 백화점 브랜드 못지 않은 퀄리티, 세미오버핏으로	Boutique padding wool coat(2c)-같감은 두툼한 울 안감은 누빔패딩으로 찬공기 완벽 차단! 국내 생산제품으로 백화점 브랜드 못지 않은 퀄리티, 세미오버핏으로	Boutique padding wool coat (울 소재, 누빔 패딩, 세미오버핏)
관련 없는 정보 및 키워드	당일발송/OTG 카드리더기 + USB 허브 x3/갤럭시 S4 3 노트 3 2 1/G2/베가/옵티머스/스마트폰/휴대폰/핸드폰/SD 메모리/OTG 케이블/마이크로 5 핀/마우스/키보드/데스크탑/노트	당일발송/OTG 카드리더기 + USB 허브 x3/갤럭시 S4 3 노트 3 2 1/G2/베가/옵티머스/스마트폰/휴대폰/핸드폰/SD 메모리/OTG 케이블/마이크로 5 핀/마우스/키보드/데스크탑/노트	OTG 카드리더기 (3 포트 USB 허브 겸용)
지나치게 긴 상품명	[무료배송특가인기]엘팜 파이톤 클러치백/가방/백/클러치/여성/여자/직장인/대학생/여름/휴가/여행/외출/사각/대형/잡지/수납/패턴/파이탄/지퍼/슬롯/MM699	[무료배송특가인기]엘팜 파이톤 클러치백/가방/백/클러치/여성/여자/직장인/대학생/여름/휴가/여행/외출/사각/대형/잡지/수납/패턴/파이탄/지퍼/슬롯/MM699	엘팜 파이톤 클러치백 MM699

• 영어/한글 외 다른 언어 및 특수 문자 사용

세부 내용	BAD	CLEAN	GOOD
한문 사용	오쿠표品 OC-9600RG / 24K 도금 / 10 中안전장치 /12 가지자동메뉴	오쿠표品 OC-9600RG / 24K 도금 / 10 中안전장치 /12 가지자동메뉴	오쿠 OC-9600RG (24K 도금, 10 중안전장치, 12 가지자동메뉴)
비허용 특수 문자 사용	★요미살★▶무료배송◀라엔·스모킹밴딩 핀턱 쉬폰원피스/데이트룩/스하객패션	★요미살★▶무료배송◀라엔·스모킹밴딩 핀턱 쉬폰원피스/데이트룩/스하객패션	라엔 스모킹 밴딩 핀턱 쉬폰 원피스
허용 특수문자 다수 사용	대원/백색 원단보드/모음전/1T/2T/3T/5T/7T/10T	대원/백색 원단보드/모음전/1T/2T/3T/5T/7T/10T	대원 백색 원단보드 (1T 2T 3T 5T 7T 10T)

▲ 상품명 작성 사례

상품명을 입력할 때 유의해야 할 점에 대해 알아봤으니, 판매를 위해 노출 확률을 높이는 키워드를 찾아보겠습니다.

네이버 쇼핑 검색창에 특정 키워드를 입력하면 자동완성 기능을 통해 검색창에서 추천해주는 키워드가 노출되고 있습니다. 실제로 고객들이 많이 검색하는 키워드들이 나오는 곳입니다.

이 키워드 중에 내 상품과 관련이 있는 것이 있다면 해당 키워드를 분석하여 상품명에 반영할 수 있습니다.

예를 들어 '화장대'에 대한 자동완성 키워드를 찾아보겠습니다. 네이버 쇼핑 검색창에 '화장대'라고 검색하면 자동완성 키워드 리스트가 보여집니다. 이중에서 본인의 상품과 관련된 키워드가 있다면 먼저 추출해 봅니다.

▲ '화장대'를 검색하여 자동완성 키워드 추출

첫 번째 방법의 자동완성 검색어에서 마음에 드는 키워드가 없다면 한 가지 작업을 더 해보겠습니다. '화장대 ㄱ', '화장대 ㄴ' 이렇게 초성을 바꿔가며 검색을 해봅니다. 이 방식으로 작업을 하다 보면 내가 생각하지 못했던 키워드들을 발견할 수 있습니다.

▲ 세부 키워드 추출

일단 마음에 드는 키워드는 모두 메모해 둡니다. 특히 자동완성 키워드는 고객이 검색했을 때 검색창에 바로 노출되기 때문에 접근성이 뛰어납니다.

고객은 네이버가 추천하는 검색 패턴에서 크게 벗어나지 않습니다.

검색창에서 검색어를 입력하면 가장 첫 영역에 보이는 것이 연관검색어입니다. 자동완성과 마찬가지로 네이버에서 추천하는 키워드이기 때문에 상품명에 적합한 키워드를 추출할 수 있습니다.

▲ 네이버 메인 검색창에 '화장대' 연관검색어

연관검색어란, 모든 분야에서 특정 단어 검색 이후 이어서 많이 검색한 단어를 노출함으로써 이용자들의 검색 패턴을 보여주는 것입니다. 연관검색어는 고객의 의도에 의해 검색된 키워드들이기 때문에 연관검색어를 적극적으로 활용할 필요가 있습니다.

연관검색어를 추출하기 위해 네이버 쇼핑 검색창에 첫 번째 키워드 '화장대'를 입력하고 검색하면 연관키워드로 수납화장대, 좌식화장대, 화장대서랍장 등 다양한 키워드가 출력되는 것을 볼 수 있습니다.

▲ 네이버 쇼핑 검색창에 '화장대' 쇼핑 연관검색어

연관 키워드 중에서 두 번째 '수납화장대'를 선택해 보겠습니다. 다음과 같이 '수납화장대' 키워드의 연관검색어로 화장대서랍장, 멀티수납화장대 등이 출력되는 것을 볼 수 있습니다. 여기서 멈추지 말고 한 번 더 연관검색어를 찾아보겠습니다. 더 세부적으로 들어갈수록 경쟁은 낮고 노출 확률은 높일 수 있는 키워드를 찾을 수 있습니다.

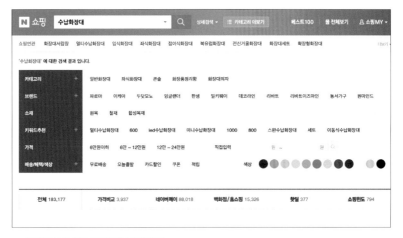

▲ 연관검색어 '수납화장대' 선택 결과

세번째 키워드로 '멀티수납화장대'를 선택해 보겠습니다. 다음은 세 번째 키워드 '멀티수납화장대'를 검색한 화면입니다. 이 방법으로 다양한 세부 키워드를 추출할 수 있을 뿐만 아니라 고객이 실제 검색하는 상품명에 포함되는 다양한 키워드를 찾을 수 있습니다.

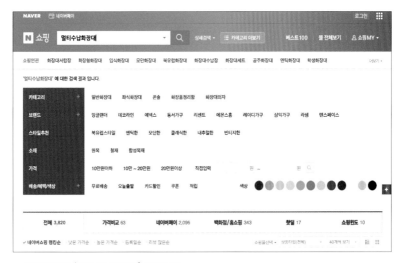

▲ 연관검색어 '멀티수납화장대' 선택 결과

여기서 주목해야 할 것은 바로 상품의 수입니다. 첫 번째 키워드 '화장대'에서 판매 중인 상품수는 1,003,352이고 두 번째 키워드 '수납화장대'에서 판매 중인 상품수는 183,177로 첫 번째 키워드 대비 약 1/5로 줄어든 것을 볼 수 있습니다. 그리고 세 번째 키워드 '멀티수납화장대'의 경우 판매 중인 상품수가 3,820으로 첫 번째 키워드 '화장대' 대비 약 1/250로 줄어든 것을 확인할 수 있습니다.

똑같은 화장대를 판매하지만 어떤 화장대를 판매할 것인지, 고객이 많이 찾는 화장대는 어떤 것인지 그리고 그 화장대를 판매하는 판매자 즉, 본인의 경쟁 업체는 얼마나 많은지 파악하는 것이 중요합니다.

네이버는 광고를 집행하는 광고주에게 더 효과적으로 내 상품을 홍보할 수 있도록 다양한 시도를 하고 있습니다. 그중 하나로 네이버가 추천하는 키워드를 확인할 수 있는 곳이 바로 네이버 검색 광고 시스템입니다.

광고 시스템을 통해 광고를 집행하지 않더라도 회원가입이 가능하며, 키워드 조회 등 다양한 기능을 활용할 수 있습니다. 먼저 네이버 검색 광고 시스템 회원가입 후 로그인합니다.

▲ 네이버 광고 시스템 초기 화면

처음 로그인하면 광고 성과와 광고비 지출 내역 그리고 현재 남은 금액 등을 확인할 수 있습니다. 상품명에 들어갈 키워드를 찾기 위해서는 광고 시스템의 키워드 도구 기능을 활용해야 하므로, 키워드 도구 메뉴를 선택하여 연관 키워드 조회 페이지로 이동할 수 있습니다.

▲ 네이버 광고 시스템 로그인

키워드 입력창에 메인 키워드를 입력하면 네이버가 추천해주는 키워드와 다양한 정보가 함께 출력됩니다. 다운로드 아이콘을 눌러 엑셀 파일로 다운받아 키워드를 좀 더 세밀하게 분석할 수 있습니다. 검색한 정보의 각 항목의 의미는 다음과 같습니다.

▲ 네이버 광고 키워드 도구 검색

❶ 월간 검색수 : 최근 한 달간 네이버를 이용한 사용자가 PC 및 모바일에서 해당 키워드를 검색한 횟수입니다.

❷ 월평균 클릭수 : 최근 한 달간 사용자가 해당 키워드를 검색했을 때 통합 검색 영역에 노출된 광고가 받은 평균 클릭수입니다.

❸ 월평균 클릭률 : 최근 한 달간 해당 키워드로 통합 검색 영역에 노출된 광고가 받은 평균 클릭률입니다(클릭률의 의미는 광고가 노출되었을 때 노출된 광고가 검색 사용자로부터 클릭을 받는 비율을 말합니다).

❹ 경쟁 정도 : 최근 한 달간 해당 키워드에 대한 경쟁 정도를 PC 통합 검색 영역 기준으로 높음/중간/낮음으로 구분한 지표입니다. 다수의 광고주가 추가한 광고일수록 경쟁 정도는 높을 수 있습니다.

❺ 월평균 노출 광고수 : 최근 한 달간 사용자가 해당 키워드로 검색했을 때 PC 통합 검색 영역에 노출된 평균 광고 개수입니다. '경쟁 정도' 지표와 함께 키워드의 경쟁 정도를 가늠해볼 수 있습니다.

TIP

최근 좋은 키워드를 찾아주는 프로그램이나 웹사이트가 많이 생겨나고 있습니다. 프로그램 사용권을 유료로 판매하며 운영하는 곳도 있으며, 카페 가입을 유도해 접속 코드를 발급하고 일정 기간만 접속할 수 있도록 하기도 합니다. 하지만 조금만 찾아보면 무료로 이용 가능한 괜찮은 프로그램과 사이트들이 많이 있습니다.

키워드 도구를 통해 검색한 추천 키워드 중 내가 판매하고자 하는 상품과 관련되고 월평균 클릭수는 높으면서 경쟁 정도는 낮은 키워드를 찾아 추출합니다. 다시 말해 수요는 많고 공급이 적은 키워드를 찾는다고 생각하면 됩니다. 그렇게 되면 검색에서 상위 노출될 확률이 높아집니다. 우리는 이것을 황금 키워드 또는 롱테일 키워드라고 부릅니다.

 추천 사이트

- 셀퍼 : https://sellper.kr 카테고리별 또는 검색창에 키워드를 검색하여 월간 검색수와 네이버 쇼핑 상품수를 확인할 수 있습니다.
- 웨어이즈포스트 : http://whereispost.com 블로그를 한다면 많이 알려진 사이트로 블로그 검색 누락 체크 툴과 블로그용 키워드 마스터 그리고 셀러들을 위한 셀러마스터 기능이 있습니다.
- 아이템 스카우트 : https://itemscout.io 카테고리 검색 및 키워드 검색이 가능하고 스마트스토어 상품의 판매가와 리뷰 등을 확인할 수 있습니다.
- 비즈로그백구 : https://109.band 키워드 검색 및 태그 추천 그리고 스마트스토어 상품의 키워드에 따른 순위 정보를 확인할 수 있습니다.

위 사이트는 상품을 판매하기 위해 참고용으로만 활용하기 바랍니다.

셀퍼를 활용하여 키워드를 추출하고 상품명에 적용해 보겠습니다.

이 프로그램은 카테고리별 검색과 키워드별 검색이 가능하고 사용 방법도 아주 간단합니다. 키워드별 검색 메뉴를 선택하고 원하는 메인 키워드를 입력하면 연관검색어가 함께 출력됩니다. 출력된 연관 검색어를 선택하면 리스트에 추가되고, 키워드의 PC 및 모바일의 검색수와 키워드에 따른 상품수 그리고 검색량 대비 상품수의 비율을 확인할 수 있습니다. 비율이 낮을수록 노출 확률이 높은 키워드라고 할 수 있습니다.

네이버 광고의 키워드 도구와 다른 점이 있다면 키워드의 검색수와 더불어 네이버 쇼핑의 상품수까지 확인할 수 있기 때문에 황금 키워드를 찾는데 더욱 효과적이라고 할 수 있습니다.

▲ 카테고리별 검색

하지만 해당 키워드만 나열한다고 해서 무조건 노출 확률이 높아지는 것은 아닙니다. 한두 개 정도의 키워드를 선택하고 나머지는 상품과 관련된 내용이 있어야 하며, 키워드 외에도 카테고리, 섬네일, 상세페이지 등 다양한 조건이 성립되어야 검색 페이지에서 상위 노출 확률을 높일 수 있습니다.

카테고리별 검색 방법으로 분류 1부터 분류 4까지 원하는 카테고리를 선택합니다. 다음은 '일반화장대' 카테고리의 키워드를 나타낸 화면으로 해당 카테고리 안에서 경쟁률이 낮은 키워드를 찾을 수 있습니다. 이 방법은 상품을 소싱하는 도구로 사용할 수 있습니다.

▲ 분류 카테고리 선택

카테고리 검색 화면에서 검색수는 높고 상품수는 적은 키워드를 찾아보겠습니다. '입식미니화장대' 키워드가 월간 검색량은 2,630건으로 높은 편입니다. 하지만 판매 상품수는 569개에 불과합니다. 실제로 입식미니화장대의 도매처를 찾거나 제조사를 찾고 해당 키워드를 넣어 상품을 판매한다면 상위 노출 확률이 높아질 것입니다.

121	니엘화장대	30	150	180	34	0.1889
419	리빙볼리	30	140	170	35	0.2059
66	티엔느화장대	70	630	700	145	0.2071
33	입식미니화장대	250	2,380	2,630	569	0.2163
180	원마인드샤르망	10	90	100	22	0.2200
244	코코로화장대	10	70	80	19	0.2375

▲ 셀퍼 카테고리 검색 결과

본인이 판매하는 상품이 있다면 그 상품에 대한 키워드를 찾아가는 것이 좋습니다. 하지만 본인 주력 상품이 없거나 재고를 보유하지 않았다면 카테고리에서 경쟁력 있는 상품을 찾아보는 것도 방법입니다. 평소 관심 있는 카테고리뿐만 아니라 관심이 없던 카테고리도 찾아보면 아직 알려지지 않은 상품이 많습니다.

매일 새로운 상품이 쏟아지고 있고 또 새로운 단어들이 생겨나고 있습니다. 그렇다고 무조건 프로그램에 의지하는 것이 아니라 참고하여 적용하기 위한 것입니다.

처음 온라인 쇼핑몰을 시작하면서 가장 어려움을 겪는 것은 판매 상품을 선택하는 것부터 시작됩니다. 필자도 처음 시작 했을 때 '도대체 뭘 팔아야 고객이 물건을 구매할까?'를 고민하 는데 며칠을 보냈습니다. 결국엔 시작하는 것이 중요합니다. 고민하지 말고 일단 시작해야 합니다. 무엇이든 눈에 보이는 것은 판매합니다.

필자는 특별히 잘하는 것도 좋아하는 것도 취미도 없었습니 다. 그러다 보니 아이템 소싱에 더 어려움을 겪었습니다. 본인 이 좋아하는 것과 잘하는 것 중에 생각해보면 의외로 많은 아 이템이 생각날 것입니다.

TV 프로그램을 통해 아이템 소싱 아이디어를 얻는 것도 추천 합니다. TV 프로그램은 최신 유행하는 아이템이 가득합니다. 현재 트렌드와 이슈에 관심을 두고 있다면 단발성으로 재미를 볼 수 있는 아이템들이 무궁무진합니다.

한가지 예를 들어보겠습니다. 실제로 필자는 2018년 6월 12일 TV에서 도널드 트럼프 대통령과 김정은 위원장의 싱가포르 정상회담 소식을 보았습니다. 그러던 중 뉴스 기사에 기념 주 화가 만들어지고 판매되고 있다는 내용을 보고 찾기 시작했습 니다.

실제로 기념 주화는 다양하게 제작되고 있었고 가격도 천차만별이었습니다. 그중 미국 백악관 기프트샵에서도 사전 예약을 받는 것을 확인하고, 스마트스토어에 상품을 등록하였습니다.

사전 예약 상품이다 보니 할인까지 받을 수 있었고, 하루 만에 30개 주문이 들어왔습니다. 당시 기념 주화 판매자는 단 2명뿐이었고 경쟁자가 많지 않아 판매될 수 있었습니다. 이 외에도 순간 눈에 들어오는 상품들이 단기간에 높은 매출을 올려주는 아이템이 되기도 합니다.

▲ 2018년 북미정상회담(출처 : 위키피디아)

🛒 상위 노출을 위한 가격

스마트스토어를 통해 판매할 때 판매가에 대한 고민을 많이 하게 됩니다. 시장조사를 하다 보면 생각했던 판매가보다 훨씬 낮은 가격에 판매되고 있는 것을 볼 수 있습니다.

하지만 상품은 최저가일 때만 판매되는 것은 아닙니다. 가격을 설정하는 기준이 있는 것은 아니지만, 마진을 최소화하면서 최저가에 맞출 필요는 없다고 생각합니다. 고객은 이 상품에 지불할 가치가 있다고 판단되면 가격은 고려하지 않고 주문하게 됩니다.

▲ 판매가 설정

판매가를 설정할 때는 할인을 넣어주는 것이 좋습니다. 구매자 입장에서 할인된 가격으로 구매했을 때 더 만족감을 느끼게 되기 때문입니다. 그럼 할인은 얼마나 해야 할까요? 정해진 기준은 없습니다. 다만 한 번 정한 판매가는 수정하지 않는 것이 좋기 때문에 처음에 신중하게 설정해야 합니다.

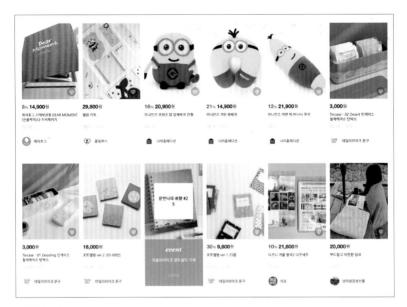

▲ 판매가 노출

할인은 정액과 정률 중에 선택하고 설정 범위[정액 : 최소 10원~최
대 판매가 미만(10원 단위), 정률 : 최소 1%~최대 99%(1% 단위)]를 벗
어나지 않게 하면 됩니다. 할인을 설정할 때 PC만 할인하거나 모바
일만 할인도 가능하지만, 전체 할인을 선택합니다.

5 상위 노출을 위한 이미지

선호도가 높은 카테고리를 매칭하고 수요가 많고 공급이 적은 키워드를 찾았다면, 이제 고객이 상품을 클릭할 수 있도록 좋은 섬네일이미지가 있어야 합니다. 판매하고자 하는 상품이 한 장의 이미지에잘 표현되었을 때 고객은 상품을 클릭하고 구매 페이지로 들어갈 수있습니다.

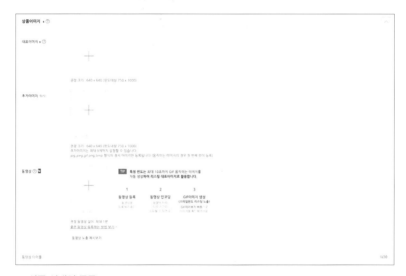

▲ 상품 섬네일 등록

스마트스토어에서는 대표 이미지 1장과 추가 이미지 최대 9장까지등록할 수 있습니다. 그렇다면 어떤 이미지가 노출이 잘되고 고객이선호하는지 알아야 합니다. 네이버는 데이터 분석을 통해 이미 알고있으며, 그 내용을 가이드를 통해 판매자에게 제공하고 있습니다.

네이버라는 검색 엔진 기반의 플랫폼에서 요구하는 기준에 충족했을 때 쇼핑 검색에서 노출될 수 있는 혜택을 받을 수 있기 때문에 가이드에 맞춰 만들면 됩니다.

▲ 섬네일 표준 이미지 예시(출처 : 네이버 쇼핑 가이드)

네이버의 최적화 가이드에 따르면 상품을 정확히 표현할 수 있는 선명하고 고해상도의 이미지를 제공하는 것을 권장합니다.

- 이미지 크기 : 640×640px 권장(300×300 미만, 3000×3000(용량 4MB) 초과, 비율 가로1 : 세로2 초과할 경우 쇼핑 검색 연동이 되지 않을 수 있다)(패션의류/패션잡화 카테고리의 경우 화보에 준하는 1000px 이상 권고)
- 이미지 용량 : 4MB 미만
- 이미지 형식 : jpg, jpeg, gif, png, bmp
- 이미지 수량 : 기본 이미지 1개＋추가 이미지 최대 9개(2개 이상 권장)
- 하나 이상의 이미지는 상품의 전체 모양을 파악할 수 있는 정면 촬영 및 흰색/단색 배경

- 피팅 모델이 착용한 사진은 허용하나, 해당 상품이 주제가 되고 사용자가 색상/형태를 판단할 수 있는 이미지
- 색상/사이즈 등이 다르거나 전/후/좌/우 상세 이미지는 추가 이미지로 제공(하나의 이미지는 하나의 상품 정보만 제공)
- 이미지 내 과도한 텍스트/워터마크/도형 노출 금지, 초점이 정확하고 선명한 이미지를 사용하고 실제 상품과 다르게 과도하게 보정된 이미지 사용 금지

▲ 섬네일 저품질 이미지 예시(출처 : 네이버 쇼핑 가이드)

저품질의 이미지는 어뷰징으로 인식되며, 고객이 상품을 구매하는데 도움이 되지 않습니다.

- 이미지 내 과도한 텍스트/워터마크/도형이 포함된 경우(브랜드, 스펙 설명 등 제품 사진을 가리지 않는다면 어느 정도 허용)

- 초점이 흐리거나 확대하지 않아도 픽셀이 깨지는 이미지
- 상품 이미지는 비교적 정상이지만, 배경이 어지러워 상품을 구분하기 힘든 형태
- 매장에 디스플레이된 상태 그대로 촬영하거나, 여러 소품을 이용하여 상황을 연출하여 촬영한 형태
- 실제 상품과 다르게 과도하게 보정된 이미지 또는 상품과 관계없는 다른 이미지를 노출하는 형태
- 상품 2개 이상, 모델 2명 이상 이미지 노출
- 단일 상품의 앞/뒤/옆 부분을 모두 하나의 이미지로 표현하거나, 해당 상품을 구성하고 있는 상품을 나열하고 찍은 형태
- 색상만 다른 제품이 하나의 이미지로 되어 있는 형태

▲ 동일 섬네일

현재 판매하고 있는 상품 노출이 잘되고 있지만, 클릭률이 낮다면 섬네일 이미지를 바꿔보는 것을 추천합니다. 이미지에 텍스트나 도형 워터마크가 있는 경우 광고 심사에서 부적합 판정으로 노출이 제한되기 때문에 섬네일 이미지는 깔끔하고 상품이 잘 표현될 수 있도록 만드는 것이 중요합니다.

또한 위 이미지와 같이 B2B 도매몰을 통해 상품을 소싱했다면 다른 판매자들도 똑같은 섬네일을 사용합니다. 고객은 구매하고자 하는 상품의 섬네일이 똑같다면 그 다음에는 가격을 보게 됩니다. 이때 내 상품이 최저가가 아니라면 클릭이 되지 않을 것입니다. 하지만 똑같은 상품이라도 섬네일 이미지를 다르게 한다면 완전히 다른 상품으로 보일 수 있습니다.

6 상위 노출을 위한 상세 설명

지금까지 어떻게 상위 노출 확률을 높일지, 어떤 이미지로 고객의 클릭을 유도할지를 위해 노력했다면 상세 설명 페이지는 상위 노출뿐만 아니라 최종 결제 단계로 구매 전환을 유도해야 하는 매우 중요한 단계입니다.

소비자가 구매를 결정하는 요소는 매우 복잡합니다. 지금 당장 필요에 의해 구매를 하기도 하지만, 충동적으로 쇼핑을 하는 경우도 많으며, 타인에 의해 구매를 하는 등 다양한 소비 패턴을 가지고 있습니다. 혹시 지금 구매를 하지 않더라도 다음에 다시 방문할 수 있도록 '스토어찜' 또는 '상품찜'이라도 할 수 있도록 해야 합니다. 그래야 다음에 MY 단골을 통해 내 상품이 노출되기 때문에 재방문하여 구매할 수 있도록 잠재고객으로 만들어야 합니다. 그렇기 때문에 상세 설명 페이지에 상위 노출과 구매로 이어질 수 있는 핵심 콘텐츠가 있어야 합니다.

스마트스토어에서 상세 설명을 작성하는 방법은 다음과 같이 직접 작성하거나, HTML로 작성 가능합니다. 네이버에서 추천하는 Smart Editor 3.0으로 작성하는 것을 권장합니다. 설명되어 있듯이 상품명과 직접적 관련이 없는 상세 설명, 외부 링크 입력 시 관리자에 의해 판매 금지될 수 있으며, 안전거래 정책을 위반할 경우 관리자에 의해 제재가 있을 수 있습니다. 또한 네이버 이외의 외부 링크, 일부 스크립트 및 태그는 자동으로 삭제될 수 있으니 유의해야 합니다.

▲ 상세 설명 등록

네이버 최적화 가이드에 따르면 상세 설명 페이지가 모바일에 최적화된 화면 및 정보로 구성되어 있고, 1초 이내의 빠른 페이지 로딩 속도일 때 가점을 주고 있습니다. 또한 고객이 주로 모바일기기를 통해 구매하기 때문에 상세 설명을 작성할 때 모바일 기준으로 에디터 모드를 변경하여 작성합니다. 빠른 로딩과 모바일 최적화를 위해 이미지의 크기는 가로 사이즈 기준 860px로 하고 이미지에는 텍스트가 없는 것이 좋습니다.

상세 설명을 작성할 때에는 소비자가 상품을 구매하는 데 필요한 내용을 블로그에 글을 작성하듯이 '이미지＋텍스트＋이미지＋텍스트' 형식으로 작성합니다. 이미지를 너무 많이 넣거나 글을 너무 많이 쓰면 오히려 방해되므로 검색에 노출될 수 있도록 상품 제목에 작성한 키워드를 상세 설명에도 적절하게 포함하여 강조하는 키워드를 사진과 사진 사이에 여러 번 등장시켜야 합니다.

▲ 상세 설명 등록 SmartEditor 3.0 작성

다음과 같이 네이버 검색창에 '전신거울화장대'라고 검색하면 '전신거울화장대' 키워드가 굵은 글씨로 보입니다. 이때 아래 본문의 '전신거울'이나 '전신거울화장대'와 같은 키워드도 함께 굵은 글씨로 변한 것을 확인할 수 있습니다. 이처럼 상품의 상세 설명에도 키워드가 적절하게 들어가야 노출에 도움이 됩니다.

▲ 네이버 검색창에 '전신거울화장대' 노출

처음 상세 설명을 작성하다 보면 어떤 형식으로 작성해야 할지 어떤 내용이 들어가야 하는지 몰라 어려움을 겪게 됩니다. 고객이 원하는 정보와 고객의 욕구를 충족해줄 수 있는 내용뿐만 아니라 구매로 이어질 수 있는 포인트까지 다양한 요소를 넣어야 하지만 처음에는 누구나 어렵습니다. 그래서 다른 판매자의 상품을 살펴보지만 따라 하는 것도 쉽지 않습니다. 이럴 때 네이버에서 제공하는 템플릿을 활용하면 쉽게 작성할 수 있습니다.

Smart Editor3.0에서 상세 설명을 작성할 때 상단의 메뉴에서 추천 템플릿을 보면 카테고리별로 양식이 있습니다. 모든 카테고리가 있는 것은 아니지만, 현재 제공하는 10개의 템플릿으로도 다양하게 활용할 수 있습니다.

본인에게 맞는 카테고리의 템플릿을 선택하여 사진과 내용을 바꿔 재가공한다면 충분히 고객의 니즈를 충족시킬 수 있습니다. 추가로 동영상이 있다면 꼭 넣어줍니다. 그리고 본인만의 아이디어나 강조하고 싶은 내용을 넣어 주면 됩니다.

▲ 네이버 상세 설명 작성 템플릿

스마트스토어의 구매 혜택 관리를 통해 생성한 쿠폰도 노출하고 고객 등급 관리에서 정한 등급별 할인 혜택까지 더해진다면, 구매를 유도하는 요소가 늘어남에 따라 구매전환률이 높아지게 됩니다.

추후 구매 혜택 조건에 상품 후기를 남기는 고객에게 포인트를 지급함으로써 리뷰를 늘릴 수 있고, 좋은 리뷰를 남겨준 고객에게 베스트 후기로 선정하여 포인트를 지급할 수 있습니다. 그렇게 남긴 좋은 후기 중에 고객이 구매하게 된 이유가 설명된 경우가 많습니다. 그 내용을 다시 활용하여 상세 설명 내용으로 작성하여 강조할 수도 있습니다. 그리고 고객의 후기를 이미지로 만들어 상단에 배치하면 내용을 다 보지 않아도 후기를 믿고 구매하는 경우도 많습니다.

구매 혜택/조건 설정으로 리뷰 쌓기

스마트스토어에서 상품을 등록할 때 구매/혜택 조건을 설정할 수 있습니다. 복수 구매 할인을 설정하거나 상품 리뷰를 작성하면 포인트를 지급하고 무이자 할부, 사은품, 이벤트 등을 설정할 수 있는 곳입니다. 리뷰는 상품의 인기도를 평가하는 중요한 항목 중의 하나이기 때문에 최대한 많은 리뷰를 모으는 것이 중요합니다.

구매/혜택 조건 중 포인트 항목은 꼭 설정해야 합니다. '상품 구매 시 지급'으로 하기 보다는 고객이 상품을 받은 후 텍스트 리뷰 또는 포토/동영상 리뷰를 작성했을 때 포인트를 지급하는 '상품 리뷰 작성 시 지급'에 체크하여 설정합니다.

▲ 구매/혜택 조건 설정

'텍스트 리뷰 작성', '포토/동영상 리뷰 작성', '한달 사용 텍스트 리뷰 작성', '한달 사용 포토/동영상 리뷰 작성', '톡톡친구/스토어찜 고객 리뷰 작성'까지 포인트를 모두 지급하도록 설정하는 것을 추천합니다. 간혹 리뷰 작성에 2,000~3,000원 정도로 과도하게 포인트를 지급하는 경우가 있습니다. 상품의 단가가 높고 마진이 높으면 괜찮지만 보통 50~100원 또는 100~200원 정도만 해도 충분합니다. 포토/동영상, 한달 사용, 톡톡친구/스토어찜 모두 설정하면 금방 1,000원이 넘어가기 때문입니다.

상품리뷰

상품을 구매하신 분들이 작성하신 리뷰입니다. 리뷰 작성시 아래 금액만큼 포인트가 적립됩니다.
텍스트 리뷰 : 50원　포토/동영상 리뷰 : 150원　한달사용 텍스트 리뷰 : 50원　한달사용 포토/동영상 리뷰 : 150원

리뷰 0건

아직 작성된 리뷰가 없습니다.

▲ 상품 리뷰 혜택 노출

또 하나 중요한 것은 바로 이벤트 항목입니다. 상품명 파트에서 설명한 것과 같이 이벤트와 관련된 문구는 상위 노출에 영향을 주지 않으면서 고객에게 상품명과 함께 이벤트 내용을 노출할 수 있습니다.

▲ 이벤트 작성

진행 중인 이벤트가 없다면 다음과 같이 '톡톡친구, 스토어찜 쿠폰 이벤트 중' 또는 '리뷰 작성 시 포인트 지급' 등과 같은 내용을 넣어도 됩니다.

이벤트 항목도 상품 검색이 잘될 수 있도록 도움을 주는 항목 중 하나로 가산점이 있기 때문에 반드시 입력하기 바랍니다.

▲ 이벤트 문구 노출

8 상위 노출을 위한 태그

스마트스토어 상위 노출에 꼭 필요한 영역 중 하나인 검색 설정의 태그 항목입니다. 아직도 상품을 등록할 때 태그를 입력하지 않고 넘어가는 사람들이 많습니다. 태그는 검색에 직접적인 영향을 주는 영역이므로 반드시 입력해야 하고, 신중해야 하는 부분입니다.

태그는 상품을 등록한 카테고리와 상품명 내용과 부합하는 키워드를 넣어주어야 합니다. 상품과 연관 없는 키워드를 넣었다면 노출이 되지 않을 수 있을 뿐만 아니라 어뷰징으로 판단하여 판매 금지될 수 있습니다.

상품명에서 수요가 많고 공급이 적은 세부 키워드를 찾아 추출하듯이, 태그도 세부 키워드와 같습니다. 상품명에 작성할 수 없는 예쁜, 좋은, 탐나는, 화려한 등과 같은 형용사는 태그에 입력할 것을 권장하고 있습니다. 요즘 뜨는 HOT 태그, 감성 태그, 이벤트형 태그 그리고 연관검색어를 적절하게 섞어서 입력하는 것을 추천합니다.

▲ 검색 설정 입력

태그 등록 시 주의해야 할 점은 어뷰징성 태그입니다. 예를 들어, 티셔츠 상품에 바지, 치마, 자켓 등을 입력하거나 시폰 소재 원피스 상품에 린넨 원피스, 데님 원피스라고 입력 또는 샌들 상품에 슬리퍼라고 입력하는 것은 어뷰징성 태그로 판단하여 노출되지 않을 수 있습니다. 태그는 반드시 해당 카테고리와 상품 속성에 맞게 입력해야 효과를 볼 수 있습니다.

▲ 검색 사전 등록 태그 확인

검색 설정에 태그는 최대 10개까지 입력 가능합니다. 최대 10개를 채울 수 있도록 하되 '검색에 적용되는 태그 확인' 버튼을 눌러 내가 등록한 태그가 검색에 적용되는지 꼭 확인하기 바랍니다. 검색량이 낮은 세부 키워드라고 해서 무조건 검색에 반영되는 것이 아니기 때문에 내가 찾은 연관 키워드가 태그 사전에 등록되어 있는지 꼭 확인하기 바랍니다. 태그를 잘 활용하면 상품명 싸움에서 다른 판매자와 차별화될 수 있습니다.

Page Title & Meta description은 검색과 공유에 적용되고 있습니다. Page Title은 변경하지 않으면 상품명이 노출되며 Meta description은 기본적으로 스마트스토어 소개글이 노출됩니다.

| Page Title ⑦ | |
| Meta description ⑦ | |

▲ Page Title & Meta description 입력

Page Title은 네이버 또는 구글 등에서 해당 상품을 검색했을 때 '상품명 : 스토어명'으로 노출되기 때문에 문제는 없지만, 그보다는 상품명에 담지 못했던 내용을 추가로 입력할 수 있습니다.

또한 Meta description은 스마트스토어의 소개글이 노출되는 것보다는 상품에 대한 특징을 표현한 수 있는 핵심 키워드를 나열하는 것을 추천합니다.
태그에 입력한 키워드와 연관검색어 등을 추가하여 입력합니다. 특히 카카오톡이나 페이스북과 같은 SNS에 공유할 때 내용이 표시되므로 한눈에 알아볼 수 있도록 수정하는 것이 좋습니다.

처음 스마트스토어를 시작했을 때 상품을 등록하는 것이 생각 보다 어렵지 않았습니다. 왜냐하면 SEO에 대한 개념이 없다 보니 알고 있는 내용만 채워 넣기 바빴기 때문입니다. 그렇다 보니 노출도 잘 안되고 노출이 되더라도 구매까지 이어지지 않 았습니다.

특히 상세 설명은 도매 사이트에 있는 사진을 그대로 쓰고, 아 무런 내용도 넣지 않았으며 이벤트나 할인도 없었기 때문에 구 매전환률이 낮아지게 되었습니다. 그때부터 책을 읽고 인터넷 을 찾아보며 SEO에 대해 공부하고, 상품을 등록할 때 신경쓰 기 시작했습니다.

스토어찜, 톡톡친구 할인을 설정하고 등급 혜택도 넣어보고 고객들이 남긴 후기를 이미지로 만들어 상세페이지에도 넣고, 후기를 작성한 고객 중 추첨을 통해 쿠폰을 보내주는 이벤트 도 넣어봤습니다. 구매전환률이 조금씩 높아지기는 했지만 큰 반응이 오지는 않았습니다. 그때 상세 설명에 진정성을 녹여 내는 작업을 시작했습니다. 실제로 사용해본 경험을 넣거나 후기에서 봤던 좋았던 부분이나 구매하게 된 계기같은 부분을 넣었더니 반응이 좋아지는 것을 체감할 수 있었습니다.

대부분 상위 노출에 집중하고 있지만, 상위 노출보다 중요한 것이 바로 구매전환률이라고 생각합니다. 고객에게 진심으로 다가가고 고객이 불편해하는 부분을 해소해줌으로써 이익을 얻을 때 비로소 서로 소통하게 되는 것입니다.

내 스토어는 아마존이다, 스토어 브랜딩 전략

1 구매전환율 이해

스마트스토어 또는 인터넷 쇼핑몰 등 이커머스에서 빼놓을 수 없는 단어 중 하나가 '구매전환율'이라고 할 수 있습니다. 대부분 구매전환율을 높이기 위해 수단과 방법을 가리지 않습니다. 우선 구매전환율이란 무엇인지부터 이해하는 것이 중요합니다.

키워드	노출수	클릭수	구매 횟수	구매전환율
원피스	10,000	1,000	10	1%
여름원피스	10,000	1,000	20	2%
린넨원피스	10,000	1,000	30	3%
뷔스티에원피스	10,000	1,000	40	4%

▲ 구매전환율 예시

예를 들어, 10,000명의 고객이 '원피스'라고 검색하여 그중 1,000명이 내 상품을 클릭하여 방문하였고, 그중 10명이 구매를 했다면 구매전환율은 1%가 됩니다.

– 노출수 대비 클릭수(방문자수)가 낮은 경우
– 노출수 대비 클릭수(방문자수)가 높은 경우

– 클릭수(방문자수) 대비 구매전환율이 낮은 경우
– 클릭수(방문자수) 대비 구매전환율이 높은 경우

하지만 또 다른 변수가 있습니다. 위와 같이 노출수 대비 클릭수와 클릭수 대비 구매 횟수까지도 확인해봐야 합니다. 왜 클릭률이 10% 밖에 안됐는지, 왜 구매전환은 1%에 머물렀는지 고민해봐야 합니다.

스마트스토어에 검색 또는 광고를 통해 방문하여 상품을 보고 지금 바로 구매를 결정하더라도, 쇼핑의 마지막 단계인 결제 과정에서 만족스럽지 않았다면 대부분은 구매하지 않고 떠날 가능성이 높습니다. 상품명을 보고 상품 페이지에 들어왔지만, 상세페이지가 마음에 들지 않아서 또는 결제 단계까지 갔지만 다른 곳에서 봤던 상품이 생각나기도 하고 숨어있던 배송비를 발견했거나 갑자기 이번달 결제해야 할 카드값이 생각났다면 결제를 포기하는 경우가 발생합니다. 실제로 구매전환율은 높지 않습니다. 업종에 따라 다르지만 잘되는 쇼핑몰이 5~10%이며 평균적으로 2~3%로 낮은 편입니다.

네이버 스마트스토어 통계 메뉴의 상품별 쇼핑 행동 보고서를 통해 판매 중인 상품의 구매전환율을 확인할 수 있습니다. 구매전환율의 더욱 정확한 통계를 위해서는 평균 500명 이상의 방문자가 발생하고 상품이 판매되기 시작했을 때 구매전환율에 따라 상품 수정, 광고 등 구매전환율을 높일 수 있는 다양한 마케팅을 활용하는 것을 추천합니다.

② 구매 욕구를 자극하는 상세페이지 전략

상위 노출 전략을 통해 어떤 상품을 어떻게 노출시키고 스토어로 유입시킬 수 있을지 다양한 방법을 통해 알아보았습니다. 상품이 노출되었다고 해서 바로 판매로 이어지는 것은 아닙니다. 고객이 상품 페이지에서 마음에 들었을 때 결제 페이지까지 이동하기 때문입니다.

구매전환율에 대한 내용에서 상품 상세페이지가 중요하다는 것을 알았습니다. 그렇다면 상세페이지에는 어떤 내용을 담아야 구매까지 이어질 수 있는지 알아보겠습니다.

처음 상품을 등록할 때 설정한 할인 금액과 혜택 관리를 통해 등록한 다양한 혜택이 표시됩니다. 하지만 생각보다 이 부분에 크게 신경 쓰지 않습니다. 고객은 먼저 구매한 사람들의 후기를 보게 됩니다. 후기가 구매에 어떤 영향을 주는지에 대해서는 다음 장에서 다루겠습니다. 그 다음 스크롤을 내리면서 상품에 대한 정보를 보기 시작합니다.

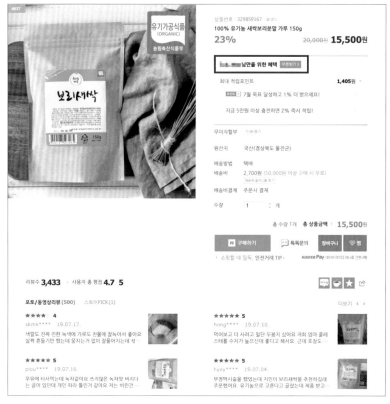

▲ 스마트스토어 상품 페이지

가장 먼저 배송 기간이 보입니다. 배송 기간은 카테고리에 따라 다르
게 보일 수 있으나 네이버의 빅데이터 분석을 통해 예측한 배송 예정
일자가 보입니다.

상세정보	리뷰 3,433	Q&A 152	반품/교환정보

배송기간 · 경기도 파주시 ▧▧▧ ▧ ▧▧▧▧ 기준   빅데이터 분석으로 예측한 **배송 시뮬레이터** *beta*

7/23(화) 도착 확률 92%
최근 6개월 배송 데이터 기준

7/23(화)까지 도착 확률	92%
7/24(수)까지 도착 확률	97%
7/25(목)까지 도착 확률	100%

¹ 최근 6개월의 배송 데이터 분석으로 예측한 이 상품의 배송완료 예상일입니다. 스토어 및 택배사의 사정에 따라 실제 배송완료일은 예측치와는 다를 수 있습니다.

▲ 배송 기간

고객은 빨리 받아볼 수 있는 제품을 선호하기 때문에 재고를 보유하고 판매 중이라면 배송이 잘되는 택배사를 선택하는 것도 매우 중요합니다. 택배사와 배송비가 저렴해서 계약했는데 고객에게 배송이 늦어진다면 고객의 평가는 나빠질 수밖에 없기 때문입니다.

▲ CU 편의점 택배 제휴

처음 시작할 때 택배사와 계약이 어렵다면 CU 편의점 택배 서비스를 이용하는 것도 좋은 방법입니다. 사업자 계약을 통해 2,600원의 저렴한 금액으로 택배를 보낼 수 있습니다.

이어서 스마트스토어 센터 혜택 관리를 통해 설정한 등급별 혜택과 스토어찜, 톡톡친구 쿠폰을 볼 수 있습니다. 스토어찜과 톡톡친구 쿠폰의 사용 비율은 꾸준하게 증가하고 있는 추세입니다. 쿠폰을 통해 할인 혜택을 제공하고, 추후 이벤트 등 다양한 마케팅을 통해 단골로 만들 수 있습니다. 쿠폰을 받은 고객은 상품에 대한 정보를 마주하게 될 것입니다. 상품 가격 할인이나 쿠폰은 구매를 결정하는 결정적 요인은 아니기 때문에 실제로 상품 상세 설명의 내용이 중요합니다.

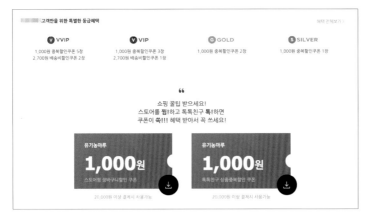

▲ 등급 혜택

상품에 관해 설명하기 전에 네이버에서 부여하는 등급을 안내하는 배너 이미지를 배치하기도 합니다. 판매자 등급 기준은 씨앗, 새싹, 파워, 빅파워, 프리미엄으로 3개월 평균 판매 건수, 판매 금액에 따라 부여됩니다.

빅파워 등급 이상이라면 거래 규모가 많은 편이기 때문에 등급을 강조하는 배너 이미지를 제작하여 본문에 노출하면 고객이 믿고 거래할 수 있다는 신뢰감을 줄 수 있습니다.

▲ 등급 산정 기준

네이버 스마트스토어에서 제공하는 이벤트 외에도 개별적으로 이벤트를 진행할 수 있습니다. 리뷰를 남겨준 고객을 대상으로 매주 1명을 추첨하여 쿠폰을 보내주거나 사은품을 보내주기도 합니다. 판매자 입장에서도 큰 부담 없이 지출 가능한 금액이기 때문에 스마트스토어 리뷰 이벤트와 함께 진행한다면 많은 리뷰를 유도할 수 있습니다.

▲ 포토 후기 이벤트

지금까지 동영상이 선택이었다면, 이제는 필수가 되었습니다. 많은 이미지와 글보다 짧은 동영상 한편이 고객의 마음을 사로잡을 수 있습니다. 판매하는 상품에 따라 특징이나 장점들이 잘 나타나도록 하거나 사용법 등을 설명해주는 동영상은 구매에 도움을 줄 수 있습니다.

▲ 구매에 도움을 주는 동영상

요즘은 스마트폰 카메라의 성능이 좋아지면서 쉽게 동영상을 촬영할 수 있고, 다양한 애플리케이션을 통해 편집도 간단하게 할 수 있기 때문에 화려한 고퀄리티 영상보다 진심이 담긴 영상이 더 효과적입니다. 영상은 보통 10~30초 정도로 하고 최대 1분을 넘지 않는 것이 좋습니다. 현재 일부 카테고리에서는 섬네일에 동영상이 재생되고 있습니다. 앞으로 점차 카테고리는 확장될 것으로 생각됩니다.

중국 최대 쇼핑몰 타오바오는 상품을 검색하면 동영상이 있는 상품만 볼 수 있는 필터 기능이 추가되었습니다. 그만큼 전세계적으로 동영상의 비중이 높아지고 있는 추세입니다. 동영상 촬영이나 제작이 어렵다면 이미지 여러 장을 슬라이드 형식으로 하여 동영상으로 만들어 넣는 것도 좋습니다.

구매 고객이 작성한 리뷰는 훌륭한 카피가 될 수 있습니다. 텍스트 또는 포토/동영상 리뷰 중 상품에 대한 내용과 구매하게 된 계기 그리고 구매 후 느낀점 등이 작성된 리뷰를 본문의 카피로 활용하거나 이미지 또는 동영상으로 편집하여 본문에 활용할 수 있습니다. 스마트스토어의 리뷰뿐만 아니라 인스타그램이나 유튜브 등 다른 SNS에 올라온 리뷰를 확인하여 본문에 넣어 활용하면 좋습니다.

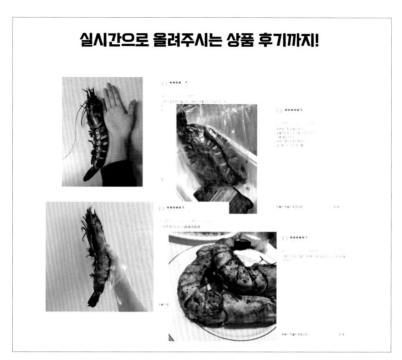
▲ 상품 후기 활용

시장 조사 업체 DMC 미디어가 발표한 '2017 소비자의 구매 의사 결정 과정별 이용 채널 및 행동 패턴의 이해'에 따르면 소비자의 절반 이상인 53.2%가 제품이나 서비스 소비 경험을 공유하는 것으로 나타났다고 합니다. 방법은 오프라인 공유가 39.1%로 가장 많았고, 다음으로 온라인 쇼핑몰 리뷰 및 후기 작성이 29.8%라고 응답했습니다.

▲ 소비자의 리뷰 공유 성향

스마트스토어는 한 달 사용기와 재구매 고객의 후기가 별도로 표시됨에 따라 판매자 입장에서 작성된 내용보다 다른 구매자가 작성한 리뷰로 인해 구매로 이어지는 경우가 많아지고 있습니다. 카테고리 또는 상품에 따라 차이가 있을 수 있지만, 온라인 쇼핑몰은 동영상과 리뷰의 중요성이 강조되고 있습니다. 따라서 다양한 마케팅과 적절한 이벤트를 통해 고객의 마음을 사로잡는 상세페이지를 구성해야 합니다.

쇼핑윈도에 입점한 판매자라면 기획전의 무료 체험을 활용해보는 것을 추천합니다. 무료 체험이란, 판매자가 직접 무료 체험 이벤트를 등록하고 당첨자를 선정하여 우수 체험 후기를 상품 홍보에 활용할 수 있습니다. 무료 체험 소식을 등록하면 네이버 쇼핑 기획전 무료 체험 코너에 노출되어 상품도 홍보할 수 있습니다. 무료 체험이기 때문에 상품이나 서비스를 제공하고 스토어찜, 톡톡친구, SNS 상품 홍보 그리고 구매 후기까지 얻을 수 있으므로 좋습니다.

▲ 쇼핑윈도 무료 체험

지금부터 판매자 입장이 아닌 구매자 입장에서 생각해보겠습니다. 여러분은 블로그, 페이스북, 인스타그램, 스마트스토어 등 상품을 구매할 때 리뷰에 영향을 받은 경험이 있나요? 필자는 한때 다른 사람들이 작성한 리뷰를 믿지 않았습니다.

오픈마켓이나 개인 쇼핑몰에 진짜인지 가짜인지 알 수 없는, 진정성이 없어 보이는 리뷰들이 너무 많았기 때문입니다. 하지만 언젠가부터 상품을 구매할 때나 배달 음식을 주문할 때도 리뷰를 먼저 보게 됩니다. 실제로 구매한 고객이 작성한 리뷰에는 도움이 되는 내용이 많고 판매자의 성향까지 엿볼 수 있기 때문입니다.

▲ 전자상거래를 이용하는 소비자 심리에 대한 65가지 통계(출처 : 모비인사이드 2016. 9)

실제로 얼마나 많은 사람이 리뷰를 보고 구매를 결정할까요? Bargain Fox의 조사에 따르면 약 80%의 소비자는 온라인 구매를 하기 전에 상품 리뷰를 읽는다고 답했으며, 스마트폰 사용자의 약 30%는 오프라인 매장에서 상품을 구매하기 전에 리뷰나 피드백을 검색한다고 합니다.

이렇듯 리뷰의 중요성이 알려지면서 고객의 리뷰를 확보하기 위해 텍스트 리뷰는 500원, 사진+동영상 리뷰는 1,000원 지급 등 큰 비용을 지출하고 있습니다. 기본적인 리뷰 이벤트와 더불어 구매 리뷰를 작성하면 베스트 리뷰를 선정하여 커피 쿠폰이나 상품을 주기도 합니다.

대부분의 판매자는 리뷰 이벤트를 시행하고 고객의 리뷰 작성을 유도하고 있습니다. 1개의 리뷰가 굉장히 소중하게 느껴지기 때문입니다. 이러한 노력을 아는지 스마트스토어는 좀 더 쉽게 리뷰를 유도할 수 있도록 다양한 서비스를 늘려가고 있습니다. 그중 하나가 리뷰 이벤트 관리입니다.

▲ 리뷰 이벤트 관리

얼마전 스마트스토어에 새롭게 도입된 리뷰 이벤트는 판매자가 리뷰 이벤트를 등록하면 상품 상세 화면, 리뷰 작성 화면에 이벤트 내용을 안내합니다. 고객은 리뷰를 작성하면 이벤트에 자동으로 응모되며, 판매자가 작성된 리뷰 중 베스트를 선정하여 포인트를 지급하는 이벤트입니다.

리뷰는 스토어의 구매에 영향을 주기 때문에 리뷰와 관련된 기능이 계속 업데이트되고 있습니다. 고객은 큰 금액을 바라기보다 재미로 참여하기 때문에 이벤트를 통해 적은 금액으로 고객에게 만족을 줄 수 있다면 비용 대비 효과는 크다고 할 수 있습니다.

이렇게 힘들게 할인과 포인트를 제공하며 이벤트를 기획하고 어렵게 모인 리뷰를 어떻게 관리했을까요? 지금까지 고객의 리뷰를 더 많이 만들기 위해 노력하고 집중했다면 리뷰를 관리하는 데 초점을 두어야 합니다. 그 이유의 답은 네이버 스마트스토어에서도 찾을 수 있습니다. 리뷰 이벤트 외에도 최근 업데이트된 내용을 보면 고객과의 소통을 강조하고 있습니다.

다음은 고객이 남긴 리뷰에 판매자가 답글을 작성하는 화면입니다. 판매자의 답글을 작성하는 곳에 가이드를 보면 '반복적인 답글이 아닌 정성스러운 답글을 남겨주세요. 낮은 평점의 리뷰에도 귀 기울여 진심을 담아 구매자와 소통해주시면 스토어 만족도가 높아집니다.^^' 이렇게 나와 있습니다. 낮은 평점에도 귀 기울이라는 말에 핵심이 있습니다.

고객이 구매를 결정하는 요인 중 하나로 다른 고객이 작성한 리뷰뿐만 아니라 해당 리뷰에 달린 판매자의 답글도 구매에 간접적인 영향을 주고 있습니다.

리뷰 상세보기 ✕

리뷰 글번호 700549039

베스트리뷰 선정 :혜택 지급

★★★★ 4   hery**** 2019.07.14

처음에 램프에 불이 안들어와서 당황하긴 했지만 다행히 들어와서 사용하기엔 불편함이 없습니다

판매자답글

반복적인 답글이 아닌 정성스러운 답글을 남겨주세요. 낮은 평점의 리뷰에도 귀 기울여 진심을 담아 구매자와 소통해주시면 스토어 만족도
가 높아집니다.^^

0 / 200 (최소 5자)

🔊 리뷰 신고   답글 등록

이전 리뷰   1/405   다음 리뷰 >

리뷰 정보

| 리뷰 도움수 | 0 | 베스트리뷰여부 | N |
| 리뷰전시여부 | Y | 리뷰타입 | **일반리뷰** |

· 상품을 구매한 회원이 작성한 리뷰입니다.
· 상품과 관련없는 내용 혹은 이미지 첨부, 욕설, 허위사실, 도배/중복등록 등의 리뷰는 [신고하기]를 통해 삭제요청 하실 수 있습니다.
· 관련없는 이미지, 관련없는 내용, 욕설, 홍보성 도배글로 신고해주시면 신속히 처리됩니다. 다만, 상품불만 내용 등 판매활동에 불이익을 준다는 이유
만으로는 처리되지 않습니다.
· IE환경에서는 동영상 재생에 실패할 수 있습니다. Chrome에서 확인해주세요.

닫기

▲ 판매자 답글로 고객과의 소통

다음 두 업체의 리뷰를 보겠습니다. 왼쪽의 판매자는 고객의 리뷰에
무대응을 보입니다. 어떤 리뷰가 올라오든지 답이 없습니다. 오른쪽
판매자는 낮은 평점이나 높은 평점이나 모든 리뷰에 답을 달고 낮은
평점에는 고객이 어떤 점이 불편했는지 공감하고 개선 의지를 보입
니다.

오른쪽의 판매자는 평점이 낮은 리뷰가 몇 개 보이지만 다른 페이지에는 대부분 높은 평점입니다. 판매량 또한 꾸준합니다. 사실 낮은 평점의 리뷰를 남긴 고객이 리뷰를 다시 볼 확률은 매우 낮습니다. 하지만 적극적으로 대처하는 이유는 이 글을 보는 다른 잠재고객들이 있기 때문입니다.

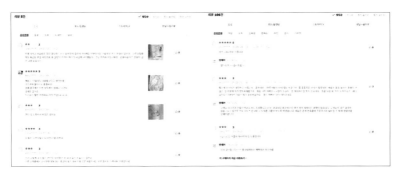

▲ 고객 리뷰에 대한 대응 방식의 차이

판매자의 진정성 또한 고객이 구매를 결정하는 요인이 될 수 있습니다. 더 많은 리뷰 작성을 유도하기 위해 포인트를 지급하고 이벤트를 진행하고 있지만, 정작 리뷰에 대한 관리가 소홀하다면 오히려 역효과를 낼 수 있습니다.

간혹 상품이 판매되고 있는데 평점이 낮은 리뷰가 올라왔다고 상품을 삭제하는 판매자도 있습니다. 하지만 불만 리뷰에 판매자의 진정성 있는 답글이 달린다면 고객에게 좋은 이미지를 줄 수도 있습니다.

메일이나 네이버 톡톡을 통해 다음과 같은 광고 메시지를 받아본 경험이 있을 것입니다. '스마트스토어 상위 노출 전략', '체험단 이벤트' 등 판매자를 유혹하는 광고 메일을 매일 받기도 합니다.

일정 비용을 내면 상위 노출을 해주겠다. 리뷰를 만들어 주겠다 등 다양한 판매 활성화 방안을 제시합니다. 물론 그중에는 정말 실력 있는 사람들이 상품을 기획하고 마케팅을 하고 노력을 통해 성과를 내기도 하지만, 일부 업체는 비정상적인 방법으로 후기를 늘리거나 상위 노출 후 이득만 취하는 경우도 있습니다. 이럴 경우 네이버의 규정에 따라 제재를 받을 수 있습니다. 그렇게 되면 스토어가 정지되거나 상품이 삭제되기도 합니다.

안녕하세요! 넘버원마케팅 김과장입니다^^ 발송취소함 ×

안녕하세요.
하시는 사업 대박!! 오늘매출 대박!!

다름이 아니라 원하시는 상품 검색어로 검색했을때
상품순위를 올려 드릴 수 있어서 연락드렸습니다.

+이용후기도 작성 됩니다.
리뷰작업은 1건당 5000원으로 저렴하게진행하고있습니다.

또한 저희는 상위노출전문 회사입니다.

쇼핑 순위작업 및 블로그 상위노출, 맘카페홍보, 지식인상위노출 등
매출과 직결되는 다양한 마케팅을 진행하고 있습니다.

언제든 문의사항이나 필요한 마케팅 있으실때
연락주시면 감사하겠습니다~^^

▲ 상위 노출 리뷰 작업 광고

이런 일이 발생한다면 지금까지의 노력이 물거품이 되어 버릴 것입니다. 네이버에서 제공하는 서비스만 이용해도 판매와 연결될 수 있는 충분한 양의 리뷰를 확보할 수 있습니다. 앞서 언급했지만 리뷰의 양보다 소통하고 관리하는 것이 더 중요하다는 사실을 잊어서는 안 됩니다.

경험 한마디!

리뷰는 바이럴 마케팅 효과를 불러옵니다. 필자가 운영하는 스토어에서 상품을 구매한 고객이 리뷰를 남겨주었습니다. 그리고 얼마 후 해당 상품의 판매량이 갑자기 증가하였습니다. 알고보니 리뷰를 남긴 고객이 본인이 활동하는 카페에 글을 남겼는데, 많은 사람들이 구매처를 물어보고 상당수가 구매로 이어진 것입니다. 그때 바이럴 마케팅의 효과를 실감할 수 있었습니다.

꼭 이렇게 블로그나 카페, 커뮤니티 등에 글을 작성하지 않았더라도 고객이 상품을 구매하기 위해 상품 페이지에 들어오면 상품에 대한 정보를 보고 구매를 결정하기 전에 리뷰를 보게됩니다.

나보다 먼저 구매한 고객은 어떤 부분에서 만족했는지 또 어떤 부분에서 불만족했는지 알게 되고 다른 사람의 경험을 통해 여러 곳을 돌아보지 않아도 구매를 결정할 수 있게 됩니다.

스토어에 사람이
넘쳐나는 유입량
늘리기 전략

🛒1️⃣ 노출 채널 확장, 럭키투데이

스마트스토어에 상품을 등록하고 가만히 기다리고 있다고 해서 고객이 찾아와 주지 않습니다. 그것은 마치 시골 동네 구석에 가게를 오픈하고 손님이 찾아오기만을 기다리는 것과 다를 바 없습니다. 오프라인 매장도 손님을 끌기 위해 홍보를 해야 하고 입소문이 나야 하듯이 온라인 마켓도 홍보와 입소문이 중요합니다. 그것이 바로 마케팅이기 때문입니다. 개인적으로 온라인 마켓은 오프라인 마켓보다 더 많은 관리가 필요하다고 생각합니다.

온라인에서는 키워드, 이미지, 상세페이지 등 다양한 방법으로 고객의 유입을 늘리려는 방법을 고민하고 있습니다. 유입이 많아지려면 당연히 노출이 많아져야 합니다. 스마트스토어에 고객이 더 많이 유입되기 위해서는 그만큼 상품을 여러 곳에 많이 노출해야 합니다.

상품을 더 많이 노출하기 위해서는 먼저 이용하고 있는 스마트스토어 즉, 네이버에서 제공하는 서비스는 어떤 것이 있는지 알아야 합니다. 현재 이용 중인 플랫폼을 먼저 활용할 줄 알아야 다른 추가 플랫폼까지도 확장이 용이합니다. 네이버에서는 판매자를 위해 많은 서비스를 제공하고 있습니다. 그중에서도 네이버 플랫폼의 곳곳에 노출되는 효과를 누릴 수 있는 다양한 서비스를 운영하고 있습니다. 럭키투데이, 기획전, 쇼핑윈도 등의 채널을 통해 스마트스토어의 상품을 홍보하고, 판매할 방법은 어떤 것들이 있는지 알아보겠습니다.

▲ 네이버 쇼핑 럭키투데이 노출

럭키투데이는 판매자가 상품 하나를 직접 선정하여 특가로 프로모션을 진행할 수 있는 채널로 한 번 진행하면 30일 후에 다시 진행할 수 있습니다. 그렇기 때문에 한 번 진행할 때 상품이 잘 노출될 수 있도록 꼼꼼하게 등록해야 합니다. 노출이 된다고 해서 상품이 판매가 되는 것은 아닙니다.

상품의 가격이나 현재 시즌 그리고 상세페이지의 내용까지 매칭이 잘 되어야 판매까지 이어질 수 있습니다. 럭키투데이의 노출 기준을 살펴보면 인기순, 최신순, 판매순, 할인율순, 마감임박순으로 볼 수 있습니다. 초기 화면은 보통 인기순으로 노출됩니다. 인기순이라고는 하지만 사실 기존 판매량과 밀접한 관계가 있습니다. 그렇기 때문에 기존에 어느 정도 판매가 되는 상품을 럭키투데이에서 진행한다면 더 많은 노출과 판매로 이어질 수 있습니다.

럭키투데이 진행 기간은 최소 3일에서 최대 14일입니다. 기간에 대해 판매자마다 의견이 다릅니다. 짧게 여러 상품을 진행하기도 하고, 한 가지 상품을 14일 동안 진행하기도 합니다. 상품이나 카테고리 특성에 따라 다르기 때문에 직접 진행해 보면서 기간을 바꿔 보는 것을 추천합니다.

럭키투데이 진행 방법에 대해 알아보겠습니다. 스마트스토어 판매자 센터에 접속하여 좌측 메뉴에서 노출 관리를 선택한 후 럭키투데이 제안 관리를 클릭하면 제안 등록 페이지로 연결됩니다.

▲ 럭키투데이 제안 등록

럭키투데이 상품 등록 필수 조건은 동일 상품 혹은 해당 카테고리의 유사 상품 중 최저가여야 합니다. 할인율이 0%인 상품은 진행 불가 합니다. 최소 72시간 이상 진행 가능한 상품이어야 합니다. N개 옵션 상품으로 진행 시, 옵션 상품수의 70% 이상은 균일가여야 합니다. 캐릭터 상품의 경우 PC와 모바일 제안가가 동일해야 합니다. 재고 수량이 충분해야 합니다.

위는 필수 조건 중 중요한 몇 가지 사항입니다. 럭키투데이 제안을 등록하기 전에 먼저 가이드를 내려 받아 꼭 읽어보기 바랍니다.
럭키투데이를 진행하는 이유는 보통 두 가지가 있습니다.
첫 번째, 현재 판매가 잘되고 있는 상품을 럭키투데이를 통해 노출과 판매량을 더 끌어올릴 수 있습니다. 판매량이 많아지면 베스트 상품에 올라갈 확률이 높아지고, 베스트 상품에 선정된다면 추진력이 붙어 판매가 더욱 늘어날 것입니다.

두 번째, 신상품의 노출 순위를 높여 판매로 끌어내기 위해 진행합니다. 새로운 상품이 상단에 노출된다면 고객의 이목을 끌어 유입을 늘리는 효과를 누릴 수 있습니다. 럭키투데이를 통해 상품 노출 확률도 높아지고 판매량도 늘어나면서 많은 판매자가 입점하기를 희망합니다. 그만큼 럭키투데이 상품에 선정되기도 어렵다는 것을 명심해야 합니다.

다만 한두 번 시도해보고 승인이 안 되었다고 쉽게 포기하지 말고, 반려 사유는 무엇인지 파악하고 수정하여 다시 계속 도전해야 합니다. 선정된 후에도 상품이 노출되었지만 판매가 안 되었다면 어떤 부분에 문제가 있는지 확인해보고 하나씩 수정해 나가는 것이 중요합니다.
제안서를 제출할 때 네이버에서 제공하는 가이드를 준수하여 반려되지 않도록 하고, 상품명이나 이미지 사이즈 등 구매 전환에 영향을 끼치는 요소는 특히 신경 써야 합니다.

처음부터 판매를 잘하는 사람은 많지 않습니다. 남들과 똑같이 한다면 경쟁력이 없습니다. 천천히 꾸준히 하다 보면 본인만의 방식이 생기고, 스토어를 찾아주는 고객이 증가할 것입니다.

본인이 판매 중인 상품 중에서 노출 확률이 높은 상품을 찾아 제안하는 것이 좋습니다. 먼저 네이버 쇼핑에서 본인의 상호 또는 상품명을 검색해봅니다. 이때 상단에 본인의 상품이 있다면, 그리고 스토어찜이 있다면 럭키투데이를 진행해도 상단에 노출될 가능성이 큽니다. 네이버 쇼핑의 검색 노출 기본값은 네이버 쇼핑 랭킹순으로 나열되기 때문에 쇼핑 검색 상단에 있다면 럭키투데이에서도 상단에 올라갈 확률이 높습니다. 상품이 여러 개가 있다면 종료 날짜에 맞추어 미리 제안해 놓는 것도 좋은 방법입니다.

2 노출 채널 확장, 기획전

기획전은 럭키투데이와 더불어 메인 노출 기회가 높은 채널로써 이벤트로 활용할 수 있습니다. 등록된 상품이 50개 이상일 때 여러 상품을 묶어 기획전을 구성하여 가격 할인이나 할인 쿠폰을 지급하는 것을 기본으로 하고 있습니다. 기획전을 진행하기에 앞서 왜 기획전을 진행하고자 하는지 목적이 분명해야 합니다. 스마트스토어 홍보, 단골 확보, 특정 아이템 판매 등과 같이 목적이 무엇인지에 따라 기획전의 구성이 달라질 수 있기 때문입니다.

최근에는 단골 확보를 위해 톡톡친구, 스토어찜 이벤트를 진행하는 경우가 늘어나고 있습니다. 톡톡친구를 추가하거나 스토어찜을 하는 고객들에게 쿠폰을 발행하여 할인된 금액으로 구매할 수 있도록 하며, 추후 단골들에게 톡톡을 활용하여 이벤트나 신상품 등을 홍보할 수 있습니다.

목적을 정했다면 대상을 정해야 합니다. 매우 구체적이고 세분화하여 타기팅 해야 합니다. 직업, 성별, 나이까지 고려해야 합니다. 특히 10대를 타깃으로 한다면 학년별까지도 확실한 타기팅이 필요합니다. 10대의 경우 1살 차이로도 유행이나 성향이 매우 다르기 때문입니다. 고객은 취향이나 분위기 등 본인과 비슷한 점이 있다고 느낄 때 호감도가 더 상승합니다.

다음은 네이버 쇼핑의 기획전 페이지 화면으로 의류, 패션잡화, 뷰티, 리빙, 유·아동 등 다양한 카테고리가 있는 것을 볼 수 있습니다. 눈여겨볼 것 중 하나는 바로 태그 부분입니다.

상품 리스트 중간에 '패션 인기 태그'가 나열된 것을 볼 수 있는데, 검색과 노출에 영향을 주는 중요한 항목입니다.

기획전을 진행할 때 목적과 대상만큼 중요한 것이 바로 시즌성입니다. 다음의 화면에서 가장 많이 보이는 단어는 바로 '여름'이라는 키워드입니다. 우리가 알고 있는 시즌이나 이벤트만 생각해봐도 정말 많다는 것을 알 수 있습니다.

계절, 명절, OO데이, 크리스마스, 할로윈 외에도 방학, 휴가, 기념일 등과 같이 선물을 하거나 쇼핑을 해야 하는 목적이 생기되면 시즌과 관련된 상품의 판매량이 증가합니다. 이렇듯 현재 고객들이 원하는 것이 무엇인지 사전에 파악하여 기획전을 준비한다면 좋은 성과를 낼 수 있습니다.

▲ 기획전 노출

스마트스토어 신규 기획전 등록 방법에 대해 알아보겠습니다. 스마트스토어 판매자센터에 접속하여 좌측 메뉴에 노출 관리를 선택한 후 기획전 관리를 선택합니다.

▲ 신규 기획전 등록

기획전을 등록하기에 앞서 기획전 등록 가이드를 숙지하고 진행하는 것을 추천합니다.

기획전 공통 조건	• 명확한 기획전 주제가 있어야 합니다. • 가품 및 배송 재고에 대한 이슈가 없어야 합니다. • 기획전 내 등록 상품수는 50개 이상 500개 미만으로 섹션당 최소 11개 이상 100개 이하로 권장합니다. • 상품 상세 페이지에서 모바일 미리보기가 가능해야 합니다. • 모바일/PC 할인 및 할인 혜택이 동일해야 합니다. • 기획전은 기간 내 1개의 기획전만 운영 가능합니다.
즉시 할인	• 기획전을 위한 할인 혜택이 적용되어야 합니다.
스토어찜/톡톡친구 할인 쿠폰	• 해당 고객 대상으로 추가 할인 쿠폰 제공이 가능해야 합니다. • 쿠폰 할인 금액은 5% 이상(금액은 1,000원 이상)부터 진행 가능합니다.
포인트 적립	• 네이버페이 포인트가 적용된 상품만 진행이 가능합니다(시스템 공통 포인트 제외). • 판매 상품 가격의 최소 3%에서 최대 20%까지 적용 가능합니다(금액은 2만 원까지 적용 가능).

▲ 기획전 진행 기준

다음은 모바일 화면을 통해 본 기획전입니다. 기본적으로 가격 할인만 적용하는 기획전과 가격 할인과 더불어 톡톡친구, 스토어찜을 하면 판매자가 설정한 금액을 할인해주는 쿠폰을 제공하는 기획전, 첫 구매 고객 또는 스토어찜을 하면 할인받을 수 있는 쿠폰을 제공하는 기획전 등 다양하게 구성할 수 있습니다.

이렇듯 목적이나 대상 또는 시즌에 따라 가격 할인 이벤트를 진행할지 할인 쿠폰을 제공할지 여부를 판단해야 합니다. 또한 기획전 주제와 잘 맞는 상품을 구성하는 것도 중요합니다.

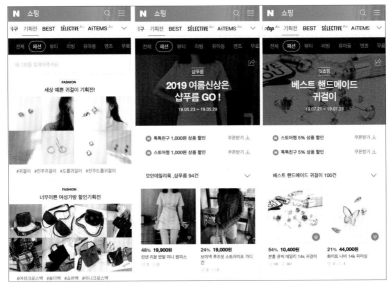

▲ 기획전 모바일 화면

3 노출 채널 확장, 쇼핑윈도

네이버 윈도 시리즈는 패션, 리빙, 푸드 분야 등 전국 각지의 오프라인 매장의 상품을 판매하는 O2O(Online to Offline) 플랫폼으로 오프라인 상점을 운영하면서 동시에 스마트스토어를 통해 상품을 판매할 수 있는 채널입니다.

쇼핑윈도는 네이버에서 서비스 개시 이후 현재까지도 많은 매출을 일으키고 있는 채널 중 하나로 디자이너 윈도로 시작해 현재는 백화점 윈도, 아울렛 윈도, 스타일 윈도 등 소상공인들의 매출 증대를 위해 카테고리를 계속 늘려가고 있습니다.
까다로운 심사가 진행되며 요건을 충족해야만 승인 후 입점할 수 있습니다. 쇼핑윈도의 취지에 따라 상세페이지에 현장감이 느껴지도록 매장에서 직접 찍은 사진과 설명이 포함되는 것이 중요합니다.

기존 스마트스토어에 상품을 판매 중이더라도 쇼핑윈도 입점 조건에 따라 상품을 다시 등록해야 합니다. 스마트스토어 3.0 도입 이후 다양한 템플릿을 제공하고 있으므로 카테고리에 맞는 템플릿을 활용하는 것도 좋은 방법입니다.

기획전에서도 언급한 태그와 관련하여 쇼핑윈도 화면에 다양한 태그가 나열된 것을 확인할 수 있습니다. 어떤 태그를 넣느냐에 따라 노출에 영향을 주기 때문에 신중하게 최대한 많이 넣어야 합니다.

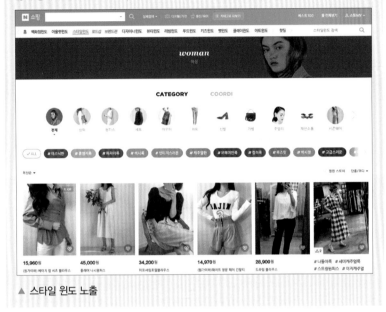

▲ 스타일 윈도 노출

네이버 쇼핑윈도 노출 제안은 스마트스토어 센터 노출 관리 메뉴에 쇼핑윈도 노출 제안을 선택하면 다음과 같이 채널 추가 제안을 할 수 있습니다.

▲ 쇼핑윈도 노출 제안

쇼핑윈도 채널 노출 제안을 하기 위해서는 먼저 개설 조건을 반드시
확인해야 합니다. 화면의 '개설 조건' 아이콘을 선택하면 각 윈도별로
개설 조건을 자세히 확인할 수 있습니다. 초보자가 가장 많이 하는
실수 중 하나가 개설 조건이나 요건 등을 확인하지 않고 바로 요청하
는 경우입니다. 이는 반려의 가장 큰 원인이 됩니다.

스타일 윈도를 예를 들면, 중요한 요소 중 하나가 바로 매장 사진입
니다. 제출 서류 목록에 매장 전경 사진, 매장 내부 정면 사진, 매장
내부 좌측면 사진, 매장 내부 우측면 사진, 매장 내 입구 방향 사진을
각각 찍어 올려야 합니다. 이는 친절하게 샘플까지 제공하고 있습니
다. 간혹 순서를 바꾸거나 해상도가 너무 낮으면 재요청을 해야 하는
경우가 발생합니다.

사소한 실수가 채널 추가를 막는 요인이 될 수 있습니다. 매장 사진
을 업로드하고 추가 서류가 있다면 서류까지 업로드 후 [채널 추가
요청] 버튼을 눌러 완료합니다.

'쇼핑윈도' 채널 추가 심사는 신청 후 3영업일 이내에 진행되고, 심사 결과는 [판매자 정보] - [심사 내역 조회] 메뉴에서 확인할 수 있습니다.

▲ 쇼핑윈도 심사 내역 조회

쇼핑윈도 채널 추가 요청 후 심사 내역 조회에 보류 상태라면 '운영자 코멘트'를 확인하여 내용을 수정하거나 추가 서류를 제출해야 합니다. 쇼핑윈도에 입점하면 네이버의 쇼핑 페이지 메인에 노출될 확률이 높고, 검색 노출에서도 영향이 있기 때문에 오프라인 매장을 운영하고 있다면 반드시 채널을 추가하는 것을 추천합니다.

쇼핑윈도 도입 초기에 네이버에서 전국의 오프라인 매장에 많은 영업을 했습니다. 쇼핑윈도에 입점하면 노출도 많이 시켜주고 매출도 올라갈 것이라고 홍보하였지만, 그 당시에는 오프라인 매장들이 대부분 온라인에 입점하지 않아도 매출이 높은 시기였습니다. 하지만 온라인 쇼핑몰이 급격히 증가함에 따라 오프라인 매장의 매출이 점점 하락할 때 먼저 쇼핑윈도에 입점했던 오프라인 매장들은 많은 혜택을 받았습니다. 그로 인해 현재는 오프라인 매장의 상당수가 쇼핑윈도에 입점하기를 희망하고 있습니다.

온라인 시장은 빠르게 변하고 있습니다. 시대의 흐름이나 유행에 따라 플랫폼도 다양해지고 있습니다. 네이버만 보더라도 지속해서 플랫폼에 변화를 주고 판매자를 위해 다양한 채널을 추가하고 있습니다. 꼭 유료 광고가 아니더라도 다양한 채널을 활용한다면 고객의 유입을 증가시킬 수 있습니다.

4 스마트스토어 이벤트 활용

네이버 모바일 홈 개편에 따라 쇼핑 관련 많은 업데이트가 되고 있습니다. 모바일 홈에서는 검색 기능을 강화하고 오른쪽에는 뉴스를 배치하고 홈에서 왼쪽으로 창을 넘기면 바로 쇼핑 탭이 보여지며 매일 업데이트되는 다양한 랭킹 아이템과 찜한 스토어의 인기 상품들 그리고 신상품까지 빠르게 확인하고 쿠폰 혜택까지 확인할 수 있습니다.

또한 *AiTEMS 추천 서비스를 통해 구매자가 평소 관심을 두고 있던 아이템을 추천해주는 서비스를 제공하고 있습니다. 여기서 우리가 주목해야 할 것은 MY 단골 메뉴입니다. 고객이 스토어찜을 했다면 이 메뉴에서 상품이 노출되고, 단골 스토어의 베스트 상품이나 신상품 그리고 스토어에서 발행한 쿠폰 등을 볼 수 있어 유입을 늘리고 재구매를 유도할 수 있는 장점이 있습니다.

 **TIP** *AiTEMS

추천 서비스 사용자가 주문을 마치고 확인할 수 있는 주문 완료 페이지 하단에 네이버의 자동화 추천 기술에 의해 주문 상품 다음 연관 상품을 추천하여, 쇼핑의 흐름이 계속 이어질 수 있도록 하는 서비스입니다(단, 해당 영역을 통해 주문이 유입될 경우, 매출 연동 수수료가 부과됩니다).

▲ 네이버 모바일 홈

스마트스토어의 상품이 마음에 들고 또 사고 싶은 것이 많다면 다음
에 다시 방문할 수도 있겠지만, 대부분은 네이버 검색을 통해 유입되
어 한번 구매하면 다시 방문하는 경우는 많지 않습니다. 그렇기 때문
에 한번 방문한 고객이 다시 방문할 수 있도록 쿠폰이나 포인트 등
다양한 혜택을 제공함으로써 고객과 소통해야 합니다.

쿠폰 발행을 위해 스마트스토어 센터에서 고객 혜택 관리 메뉴를 선
택하고 혜택 등록을 선택합니다.

▲ 고객 혜택 관리 혜택 등록

먼저 타기팅 목적에 맞게 대상을 선택하고 혜택 이름을 입력합니다. 네이버페이 MY 화면과 네이버 모바일 메인 MY 페이 화면에도 혜택 이름이 노출되므로 고객이 어떤 쿠폰인지 쉽게 알 수 있도록 15자 내외로 간단하게 입력합니다(최대 30자까지 입력할 수 있지만 모바일 화면에 노출되는 글자는 15자 내외이며, 이후 말줄임 처리됩니다).

다음의 타기팅 대상과 목적을 참고하여 혜택 이름을 만들어봅니다.

행사 목적 + 타기팅 대상 + 쿠폰 종류를 조합하여 노출

- 10월 재구매 고객 할인 쿠폰

- 오픈 기념 첫구매 고객 할인 쿠폰

- 톡톡친구 배송비 할인 쿠폰

대 상	타기팅 목적
첫구매 고객	첫구매 고객 늘리기(최근 2년간 구매 이력이 없는 고객 대상)
재구매 고객	재구매 고객 늘리기(최근 6개월간 구매 이력이 있는 고객)
톡톡친구	톡톡친구를 친구 맺은 고객들에게 혜택을 첨부하여 마케팅 메시지 발송
스토어찜	스토어찜 늘리기(스토어찜을 하지 않은 고객에게 요청 문구 노출)
타기팅	고객을 지정하거나 타기팅 그룹 중 지정하여 쿠폰 제공

기본적으로 위에 언급한 고객 혜택은 모두 설정하여 활용하는 것을 추천합니다. 상품 페이지의 첫 화면에서 쿠폰 혜택이 노출되기 때문에 고객의 눈길을 사로잡을 수 있습니다. 혜택을 등록하는 방법은 간단하기 때문에 따로 설명하지 않겠습니다.

쿠폰이나 포인트 혜택과 더불어 최근 홍보와 단골 확보를 위해 많이 이용되고 있는 것은 고객등급 관리입니다. 스토어별로 우수 고객을 관리하고 혜택을 제공하는 서비스입니다.

최근 3개월 안에 상품을 구매한 고객을 대상으로 주문 금액과 주문 횟수 중 하나를 선택하여 등급을 설정하면 고객은 혜택을 받고, 재방문과 재구매로 이어져 단골을 만들 수 있게 됩니다. 등급은 실버, 골드, VIP, VVIP 총 4단계가 있으며 등급 명은 수정이 불가능합니다.

예전부터 카페나 여러 커뮤니티를 통해 스찜, 톡친을 서로 주고받는 일명 '품앗이'라고 하는 행위는 하지 않는 것이 좋습니다. 네이버 알고리즘에 의해 어뷰징으로 적발될 경우 판매 정지되기도 하고, 최악의 경우 스마트스토어 폐점까지 당할 수 있기 때문입니다. 스토어찜이나 톡톡친구는 쿠폰 발행을 통해 자연스럽게 증가하게 됩니다. 품앗이보다는 주변 지인들에게 부탁하는 것이 오히려 효과적입니다.

15801	3찜 답방100% / 체류도 2분넘게해드립니다 ! 2 N	소 개	2019.11.06	2
15800	찜 부탁드립니다. 바로바로 맞찜 갑니다 ! 2 N	톨 곁 삐내님	2019.11.06	2
15799	스찜+소받 품앗이 갑시다 신뢰양심 100프로답방감 3 N	스앰 님 름	2019.11.06	4
15798	스토어팜 품앗이 부탁드려요~! N	쓰 쯔씨님	2019.11.06	5
15797	늦게라도 답방 꼭가겠습니다 지금까지 답방률 100% 2 N	쓰으으으님	2019.11.06	3
15796	······서로 답방하실분만요!!!······· 1 N	찜도·째씨	2019.11.06	3
15795	····100%%%답방!!!!····3찜부탁드려용♥ 2 N	'러♥∞씨님	2019.11.06	3
15794	@@@@ 3종 품앗이해요! 늦어도 답방 갈게용 1 N	씨 씨씨님	2019.11.06	2
15793	스찜 톡찜 상품찜 3종세트 ><!!!!!!! 2 N	쓰 쯔씨	2019.11.06	2
15792	뒷삭없는 100% 반사에 스찜 소받 4개이상 무조건... 1 N	뜨뜨쯔_쯔씨	2019.11.06	1
15791	★★ 스찜 / 상찜 100% 답방 갑니다 ★★ 2 N	쓰 씨 써 찌	2019.11.06	4
15790	스찜 상찜 부탁드려요 늦어도 꼭 답방갑니다. 2 N	뚜 씨	2019.11.06	2
15789	3종찜 답방은 필수~! 1 N	뚜뚜뚜씨	2019.11.06	4
15788	··· 스찜 / 상찜 100% 답방 갑니다 ··· 5 N	뚜 뚜뚜씨	2019.11.06	8
15787	11월 6일 3종품앗이 같이해요~!! 답방률 100% N	쯔 씨 쯔 쯔·쓰씨	2019.11.06	5
15786	무조건 갑니다 10 N	쓰 쓰쓰씨	2019.11.06	11
15785	★3종 품앗이 100% 답방하고 댓글로 알려 드려요★ 4 N	쓰쓰쓰쓰·쓰·쓰씨	2019.11.06	5
15784	★3종 품앗이 100% 답방하고 완료댓글 2 N	쯔 뼈쯔쯔씨	2019.11.06	4
15783	■■ 스찜 / 소받 / 상찜 품앗이 해요 !! 꼭 답방 갑니다... 2 N	쓰쓰쓰(쓰)씨	2019.11.06	4
15782	##### 100%확인댓글 남겨드려요!!!2분체류 같이해요!! 6 N	쓰쓰·쓰씨	2019.11.06	10

▲ 스마트스토어 품앗이

등급 혜택은 실제로 고객이 혜택을 받을 수 있는 기준을 정하여 설정하는 것을 추천합니다. 예를 들어, 실버 등급, 주문 횟수 100회 이상, 적립금 1%와 같이 혜택을 받는 것이 불가능하도록 설정한다면 오히려 고객은 부정적으로 생각할 수 있습니다.

▲ 고객 등급 관리

따라서 현재 판매 중인 카테고리나 상품의 특성 그리고 예상 고객 수에 따라 주문 금액 또는 주문 횟수로 설정하고, 현실적으로 제공 가능하다고 생각하는 기준을 정하여 등급에 따른 적립금이나 각종 쿠폰을 발행하는 것이 바람직합니다. 또한 갑자기 등급 혜택의 금액을 줄여 수정한다면 다음달 등급 혜택을 기대하고 있는 단골이 불편을 겪을 수 있기 때문에 신뢰를 잃지 않도록 신중하게 설정해야 합니다. 고객 등급 혜택은 판매자와 고객 간의 약속입니다.

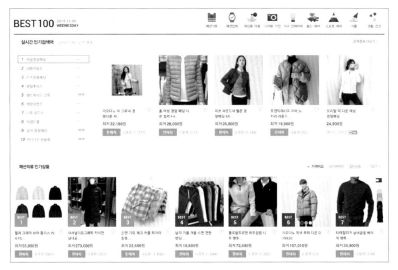

▲ BEST100 노출

처음 스마트스토어를 시작하면 상품을 등록하는 데만 집중하는 경우
가 많습니다. 빠르게 상품 수를 늘려 전시하는 것도 중요하지만, 시
작할 때부터 상품 하나에 집중하여 이벤트나 쿠폰과 같은 마케팅을
통해 구매전환율을 높이는 것이 도움이 될 것입니다.

2018년 봄 시즌부터 한창 의류에 집중하던 시기가 있었습니다. 그중에서 여성복은 경쟁이 심하지만 그만큼 고객도 많은 아이템이기도 합니다. 또한 유행도 빠르고 재구매도 많아 다양한 아이템으로 도전해볼 만한 시장입니다.

상품 등록을 80개 정도 했을 무렵 몇 가지 아이템이 판매되고 있었습니다. 상품이 하나 팔리면 그 상품의 상세페이지와 태그나 속성 등 부족한 게 없는지 다시 점검하고 있었습니다. 그중에서 한 상품 판매량이 하루 10개를 넘어섰고, 심지어 BEST 상품에 노출되기 시작했습니다. BEST 상품에 노출된 후 하루 주문량은 20개 이상을 넘어섰고 BEST 상품에서 내려간 후에도 매일 주문이 있었습니다. 그렇게 여름 시즌 내내 주문이 들어왔고 가을에는 주문이 없을 거라고 생각했지만 가을 겨울까지 이어졌습니다.

보통 여름 상품은 가을 겨울에 판매가 안 될 것이라고 생각하지만, 최근 휴양지로 해외여행을 떠나는 사람들이 증가하면서 시즌과 상관없이 판매되기도 합니다. 럭키투데이, 기획전 등 채널을 추가하고 상품을 기획할 때 목적과 대상이 분명하다면 고객의 유입과 판매량은 증가하게 됩니다. 유입과 구매전환율을 동시에 올릴 수 있는 방법의 하나는 바로 이벤트를 활용하는 것입니다.

스토어찜을 한 고객들에게 신상품이 추천되기도 하고, 톡톡메시지를 통해 홍보 메시지를 작성하여 단체로 발송하기도 합니다. 이때 유입되어 구매까지 이어지는 경우가 많습니다.

필자도 이 마케팅을 통해 신상품이나 시즌 상품을 홍보하고 있습니다. 무분별한 메시지 발송은 악영향을 끼치지만, 적절하게 활용한다면 생각보다 많은 구매로 이어지게 됩니다.

이벤트를 통해 유입되어 구매한 고객은 네이버 쇼핑을 통해 구입한 것이 아니기 때문에 수수료가 발생하지 않습니다. 또한, 스토어찜이나 톡톡친구 추가 이벤트로 할인 쿠폰이나 포인트 혜택을 제공하지만, 방문하고 구매하는 고객 모두가 혜택을 사용하지는 않습니다.

해외 아이템은 필수, 스마트스토어 해외 B2C 창업 전략

🛒 1 B2C 해외 구매대행으로 당장 창업 시작

유튜브에서 B2B와 B2C를 활용한 온라인 셀링에 대한 영상이 인기를 끌고 있습니다. 그중에서 B2C인 해외 구매대행이 국내 온라인 판매 시장에 새로운 판매 방식으로 떠오르고 있습니다.

해외 구매대행은 약 10년 전부터 지속되어온 사업 방식 중 하나로, 해외 온라인 마켓에서 판매 중인 아이템 그대로 정보만 복사해서 국내 온라인 마켓에 올려 판매하는 방식입니다. 고객이 해당 제품을 결제하면 판매자는 해외 온라인 마켓에서 제품을 구매해 국내 고객에게 직접 발송 처리하고 정산을 받는 방식을 취하고 있습니다.

해외에서 판매 중인 제품을 국내에 판매하면서 주문이 들어올 때만 해당 제품을 구매해서 판매하기 때문에 재고 부담이 전혀 없으며, 사업 초기 자본금의 대부분을 차지하는 사업 비용을 인건비나 광고 등에 투자할 수 있어서 사업 자금을 보다 효율적으로 활용할 수 있습니다. 그렇기 때문에 초기 투자금이 없는 사람도 충분히 자기 사업을 시작할 수 있는 장점이 있습니다.

해외 구매대행은 전문적인 지식이나 노하우가 없어도 해외 온라인 마켓에서 직구를 할 수 있다면 누구나 바로 창업과 판매가 가능합니다. 그중 스마트스토어의 경우 사업자가 아닌 경우에도 자신만의 스토어를 개설하여 판매가 가능하므로 대학생이나 주부도 학업과 개인적인 일을 하면서 판매할 수 있습니다.

▲ 해외 구매대행 판매를 위한 개인 판매자 가입 기준

이러한 경우 매출이 발생되고, 연 매출 3,000만 원 이하의 경우 부가
세 면제 대상이므로 꼭 사업자를 낼 필요는 없습니다. 하지만 과세
기준은 매년 바뀌므로 항상 스마트스토어 고객 센터나 세무사와 상
담하여 정확한 과세 기준을 가지고 판매를 해야 합니다.

이후 매출이 늘어 사업자로 변환을 해도 되며, 처음부터 사업자로 가
입하고 판매를 해도 무방합니다. 사업자로 판매를 지속하려면 간이
나 일반, 법인 사업자등록증을 발급받고 통신판매업신고를 꼭 해야
합니다.

직구 산업의 발달로 배송대행지(배대지)도 개인을 위한 배대지와 사
업자를 위한 배대지로 나누어져 있습니다. 개인을 위한 배대지로는
크게 몰테일, 아이포터와 같은 대형 업체들이 있습니다.

▲ 몰테일

▲ 아이포터

이런 배대지는 전산이나 이용 고객을 위한 서비스 등 이용하는 고객의 편의에 맞춰 있어 이용하기 편하지만, 배송비가 사업자 배대지에 비해 비싸기 때문에 온라인 판매의 목적으로 이용할 경우 판매가가 그만큼 올라가 해외 구매대행 사업용으로는 추천하지 않습니다.

그렇기 때문에 동일 상품을 다른 판매자보다 더 낮은 가격에 판매하기 위해 사업자 배대지는 선택이 아니라 필수입니다. 사업자 배대지를 이용하기 위해서는 사업자등록증이 필수이기 때문에, 개인 판매자로 시작할 수도 있지만 사업자 등록을 하고 사업자 배대지를 사용하는 것을 추천합니다.

사업을 위해 이용할 배대지를 선택했다면 이제는 해외 온라인 마켓에서 아이템을 소싱해야 합니다. 아이템 소싱은 일반적으로 아마존, 알리익스프레스, 타오바오 등에서 주로 하며, 그 외에 해외 온라인 마켓 중 어느 곳이던 배대지를 통해 한국으로 발송이 가능한 곳이면 가능합니다.

▲ 미국 아마존

▲ 알리익스프레스

▲ 타오바오

아마존과 알리익스프레스는 한국으로 직배송이 가능하여 배대지를 거치지 않고 주문 고객에게 발송할 수 있는 장점이 있습니다. 하지만 아이템별로 배송비가 무료이거나 유료일 수 있습니다. 배송비가 붙는 경우 배대지를 이용해서 한국으로 보내는 비용보다 비싸기 때문에 가능한 배대지를 통해 발송하는 것이 판매가를 낮추고 더 많은 매출을 낼 수 있습니다.

해외 온라인 마켓에서 판매하려는 상품을 찾았다면 네이버 스마트스토어에 등록하여 판매를 시작하면 됩니다. 해외 구매대행은 생각보다 아주 간단하여 직구만 할 줄 알면 누구나 시작 가능합니다. 하지만 진입이 쉬운 만큼 경쟁자도 점점 많아지는 것이 사실입니다. 그 안에서도 얼마나 개성과 사업적인 노하우를 가지고 판매하는지에 따라 성패가 갈립니다.

▲ 스마트스토어에서 판매 중인 해외 온라인 마켓 제품

사업 초기 자본금이 거의 들지 않는 만큼 초기에 포기하는 판매자도 많습니다. 해외 구매대행은 꾸준함과의 싸움이며 매일 쌓아온 노력을 바탕으로 성공하는 판매 방식입니다. 포기하지 않고 꾸준하게 해외 온라인 마켓에서 아이템을 소싱하여 판매하다 보면 어느 순간 성공한 자신을 보게 될 것입니다.

필자는 현재 3년째 해외 구매대행을 하고 있습니다. 17년까지만 해도 해외 구매대행은 다른 판매 방식에 밀려 인기를 끌지 못했습니다. 하지만 해외 구매대행은 벌써 10년이 넘도록 유지되어 오고 있는 사업 중 하나입니다.

필자도 초기에는 이미 우리나라에 많은 사람들이 직구를 하고 있는데 해외 구매대행이 과연 가능한지 의문을 품고 선뜻 시작하지 못하고 다른 판매 방식에 집중하고 있었습니다. 하지만 실제로 직구를 하는 사람의 비중은 전체 인구의 1%도 되지 않을 것입니다. 주변에서 모두 직구를 한다고 모든 사람들이 하는 것은 아닙니다.

해외 구매대행을 하면서도 직접 직구를 하는 것이 아닌 다른 해외 구매대행 업자의 상품을 구매합니다. 직접 직구했을 경우 발생되는 리스크(불량, 오배송, 파손 등)는 온전히 구매자가 모든 것을 책임져야 합니다. 하지만 해외 구매대행 업자의 상품을 구매했을 경우 위 리스크들이 모두 해외 구매대행 업자 책임이 될 수 있습니다.

그 밖에 결제의 편의성, 검색의 편리함 등 많은 장점들이 직접 구매하는 것이 아닌 해외 구매대행 업자의 상품을 구매하는 이유입니다. 그렇기 때문에 해외 구매대행은 10년 넘게 지속되어 오는 하나의 산업으로 자리잡고 있습니다.

특히 중국의 광군제나 미국의 블랙프라이데이 등 많은 매체를 통해 해외에서 제품을 구매하면 싸다는 인식이 강해진 지금, 해외 구매대행 산업은 점점 발전하고 있습니다. 이런 이유들이 해외 구매대행을 다른 일과 병행하는 이유입니다.

예전에는 어떻게 시작해야 하는지, 어떻게 사업을 꾸려야 하는지 정보가 많이 부족했지만, 이제는 유튜브의 성공으로 많은 유튜버가 해외 구매대행에 대한 정보를 공개하고 있습니다.

▲ 유튜브 채널 Jobs TV

필자도 2019년부터 도움이 되고자 유튜브에서 해외 구매대행에 대한 보다 깊은 이야기를 영상으로 올려 정보를 공유하고 있습니다. 유튜브에서 'Jobs TV'로 검색하면 만나볼 수 있습니다. 이제는 선택이 아닌 필수로 자리잡고 있는 해외 구매대행을 꼭 접해보면 좋겠습니다.

2 아이템 해외 구매대행 사업 스마트스토어 세팅

해외 구매대행을 하기 위해서는 국내 발송 아이템을 팔 때와는 다른 세팅을 해야 합니다. 처음부터 끝까지 등록하는 방법이 아닌, 중간 중간 해외 구매대행용 아이템 등록에 대한 팁을 설명하겠습니다. 해외 구매대행을 이용하지 않는다면 앞에서 설명한 방법대로 아이템을 등록하면 됩니다. 스마트스토어에서 상품 판매 권한을 신청하기 위해 [판매자 정보]-[상품 판매 권한 신청]-[판매 권한(해외 상품 판매) 신청하기]를 클릭합니다.

▲ 판매자 정보 메뉴

기본적으로 해외 구매대행 상품을 등록할 때에는 국내 발송 상품 등록법과 같으며, 세부적인 것만 수정하면 해외 배송 상품으로 등록이 가능합니다.

▲ 상품 판매 권한 신청

해외 상품 판매 권한을 신청하지 않으면 해외 주소지로 출고지 설정이 불가능 합니다. 출고지를 해외로 설정할 수 있어야 스마트스토어 상품명 앞에 비행기 마크가 생기고, 해외 배송이라는 문구가 생깁니다.

첫 번째, 등록하고자 하는 상품의 카테고리를 검색하여 알맞게 설정합니다.

▲ 카테고리 설정

두 번째, 예약 구매 선택 유/무를 선택합니다. 해외 구매대행은 프리오더 아이템도 경쟁력이 있습니다.

▲ 예약 구매 선택

돈버는 스마트스토어 마케팅

해당 기능은 일정 기간 동안 주문을 사전에 모집하여 기간 종료 후 특정 날짜에 발송하는 형태입니다. 새로 출시되는 아이템들 중에는 해외에서 먼저 출시되고 한국에 추후 정식 출시되는 경우가 많습니다. 이럴 때 사전에 스마트스토어에 해외나 한국에 출시 전 아이템을 등록해서 판매 후, 출시되면 이후 발송하는 조건으로도 꽤 많은 판매가 이루어집니다. 관심있는 아이템의 출시 일정 등을 미리 인지하고 활용한다면 꽤 많은 매출을 기대할 수 있습니다.

기간이 종료된 이후에는 자동으로 판매 종료 처리가 되기 때문에 기간 이후에도 지속적으로 판매를 원한다면 예약 구매 설정을 사전이나 사후에 해지하여 지속적으로 판매합니다.

세 번째, 상품명 품질 체크를 합니다. 해외 구매대행을 하다 보면 국내 상품과는 다르게 영어나 중국어로 상품명이 되어 있고, 한국어로 번역해서 상품명을 만들다 보면 오역이나 상품과 다른 의미의 키워드가 나올 수 있습니다. 이를 방지하기 위해 상품명 검색 품질 체크를 통해 걸러낼 수 있으며, 보다 검색이 잘되는 하나의 방법이기도 하니 꼭 참고해야 합니다.

'OO전자 핫한 스타일', '마감임박' 같이 원하는 상품명을 기입하고, 오른쪽 하단 [상품명 검색 품질 체크]를 클릭합니다.

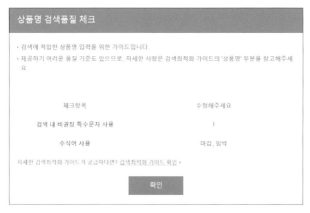

▲ 상품명 등록

등록한 상품명에 부적절한 키워드가 있다면 빨간 글씨로 수정하라는 확인 요청이 뜹니다.

▲ 수정 요소 확인

이후 상품명을 재수정하여 상품명 검색 품질 체크를 클릭하면 '검색 품질 체크 항목에 맞게 잘 입력되었습니다'라고 확인됩니다. 최소한의 상품명 최적화라 생각하고 이후 키워드를 붙여 나가면 문제없는 상품명을 만들 수 있습니다.

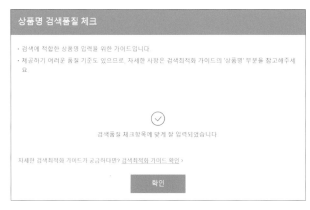

▲ 상품명 검색 품질 체크

네 번째, 해외 구매대행 상품 구입가, 세금(부가세) 등 세부 설정을 합니다. 해외 구매대행에서 판매가 설정은 아이템 소싱만큼 중요합니다. 왜냐하면 세금과 실제로 내가 벌어들이는 수익은 직접적인 연관이 있기 때문입니다.

해외 구매대행 아이템의 판매가 계산 수식을 간단히 표현하면 다음과 같습니다.

판매가 = (상품 구입 비용 X 환율) + 배송비 + 스마트스토어 수수료 + 마진 +
　　　　관/부가세

여기서 많이 놓치는 부분이 상품 구입 비용입니다. 상품 구입 비용을 해외 온라인 마켓에 적힌 금액에 환율을 적용해서 책정합니다. 하지만 빠진 부분이 너무 많습니다.

예를 들어, 다음의 제품은 현재 아마존에 판매 중인 카메라입니다. 상품 판매가는 현재 649달러입니다. 실제 신용카드로 해당 제품을 결재했을 때 649달러에 현재 환율을 적용해서 구매할 수 있을까요? 정답은 '아니오'입니다.

▲ 아마존에서 판매 중인 카메라

실제 해외 온라인 마켓에서 상품을 구매할 때에는 평소 생각하지 못했던 수수료가 발생됩니다. 해외 브랜드 수수료와 신용카드 이용 수수료입니다.

해외 구매 대행 상품 구입가 계산

해외 브랜드 수수료(비자, 마스터 등) 1%
+
신용카드 이용 수수료(국민, 신한 등 카드사마다 상이함) 약 0.1~0.2%

국내에서 발급한 신용카드를 해외에서 이용하려면 비자나 마스터, 아메리칸 익스프레스 같은 해외 가맹 브랜드 이용 가입을 해야 합니다. 이는 신용카드를 신청할 때 선택할 수 있으며 연회비에서도 차이가 납니다. 해외 브랜드 수수료는 상품 판매가의 1%가 발생됩니다. 숫자만 놓고 보면 1%가 굉장히 미미해 보이지만, 물건을 판매하는 입장에서는 수천 개를 판매하기 때문에 굉장히 큰 금액이 됩니다.

그렇게 되면 카메라 649달러, 브랜드 수수료 1% 6.49달러에 환율 1180원을 적용하면 약 7,600원으로 큰 금액이 됩니다. 여기에 신용카드 결제 수수료가 약 0.18%라고 하면 약 1,379원으로 총 8,979원, 약 9천원이 되는 금액이 나옵니다.

이 부분을 생각하지 않고 단순하게 판매가를 계산하여 마진이 만 원이었다면, 결국 천 원만 번 셈이 됩니다. 세금까지 내고 나면 손해를 볼 수 있습니다.

또 하나 많이 빼먹는 것이 바로 세금입니다. 대부분의 소비자가에는 부가세가 포함되어 있습니다. 하지만 해외 구매대행 판매가를 계산할 때 부가세를 빼먹는 경우가 대부분입니다. 구매대행의 세법상 부가세는 판매가 즉, 매출에 10%가 아닌 실수익인 마진에 대한 10%를 책정해서 납부하게 되어 있습니다. 그렇기 때문에 마진을 잡을 때 부가세 10%까지 더해야 추후 발생되는 세금에 흔들리지 않을 수 있습니다.

해외 구매대행 상품 판매가 계산

> **구입 가격**(구입가 + 브랜드 수수료 1% + 카드 수수료 0.1~0.2%) + 배송 대행지 배송비 + 스마트스토어 수수료 + **마진**(마진 + 부가세 10%) + 관/부가세 (발생되는 경우에만) = **스마트스토어 판매가**

결과적으로는 위와 같이 정리할 수 있으며 추가적으로 배송비 결제 방식이나 환율이 변동되기 때문에 정확한 구입 가격 기준 환율은 카드사에 문의하여 전신환매도율을 알아보고 책정해야 합니다.

다섯 번째, KC 인증, 원산지, 상품 정보 제공 고시를 설정합니다. 해외 구매대행 상품을 등록하다 보면 이것 저것 설정해야 하는 것들이 많습니다. 그중 필수로 설정해야 하는 것들을 알아보겠습니다.

대부분의 해외 구매대행 상품은 KC 인증을 받고 판매하는 것이 아니기 때문에 KC 인증은 없음으로 설정합니다.

▲ KC 인증 없음 설정

KC 인증 창에서 없음으로 설정하고, KC 안전 관리 대상 아님에 선택하는 것이 아닌 꼭 구매대행으로 선택해야 합니다.

원산지는 수입산으로 설정하고 미국발이면 북미, 중국발이면 중국, 해당 국가에 맞춰 설정해 주면 됩니다.

상품 상태 또한 중고가 아닌 신상품으로 설정하며 미성년자 구매도 가능으로 진행합니다.

▲ 원산지 설정

마지막으로 상품 정보 제공 고시는 특별히 설정하기보다 항상 같은 양식으로 작성하면 됩니다.

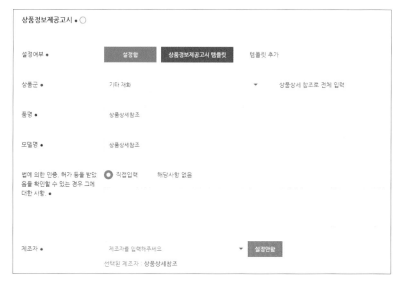

▲ 상품 정보 제공 고시

위와 같이하며, 임의대로 설정하지 않도록 합니다. 항목에 상품 상세 참조라는 단어로 모든 것을 기입하기 때문에 상세페이지에 그만큼 자세한 정보가 들어가 있어야 합니다.

KC 인증이 없다고 설정하고 구매대행으로 했다고 KC 인증에서 자유로운 것은 아닙니다. 인터넷에서 소매로 판매하는 것이기 때문에 KC 인증이 없을 경우 추후 구매한 소비자에게 신고당할 수 있으므로, 제재가 들어올 수 있음을 꼭 인지하고 판매해야 합니다.

📥 경쟁력 있는 해외 아이템 소싱

온라인 쇼핑몰을 운영하면서 여러 가지 중요한 부분이 있지만, 가장 많은 비중을 차지하는 것은 '아이템 소싱'입니다. 해외 구매대행은 아이템 소싱을 할 때 사업을 하지 않기 때문에 다양한 아이템을 아무런 거리낌 없이 스마트스토어에 판매할 수 있습니다. 그중 어느 정도 가능성을 가지고 있는 제품이나 판매가 원활이 진행되는 아이템의 경우 사업을 통해 유통 및 판매까지도 노려 볼 수 있습니다. 이는 온전히 해외 구매대행이기 때문에 가능한 것입니다.

▲ 알리익스프레스, 타오바오, 아마존, 아마존 일본

아이템 소싱은 알리익스프레스나 타오바오를 이용하여 중국 제품을 위주로 해외 구매대행을 할지, 아마존을 이용하여 미국, 유럽, 일본 제품을 해외 구매대행 할지 아니면 국가를 복합적으로 할지 선택하면 됩니다.

최근 추세는 알리익스프레스와 타오바오를 이용해 운영하는 중국발 해외 구매대행입니다. 장점은 타 국가에 비해 저렴한 가격과 다양한 제품군이며, 단점은 긴 배송 시간입니다. 이러한 특성을 기반으로 내 스마트스토어에 많은 제품을 올려 물량으로 승부를 보게 됩니다.

중국발 제품의 특성상 브랜드 가치가 있는 아이템보다 가격으로 승부를 보다 보니 한 두개의 상품 판매를 위해 상세페이지나 사진 광고 등 마케팅을 하기에는 사업적으로 효율적이지 못합니다. 그래서 많은 중국발 해외 구매대행을 하는 사람들은 천 단위, 만 단위, 많게는 십만 단위까지 상품을 올려놓고 판매합니다.

가격 자체가 저렴한 아이템들이 대부분이기 때문에 판매가도 저렴하고 가져가는 마진도 적다는 단점이 있습니다. 무조건 저렴한 가격대의 상품이 좋은 것은 아니라는 이유입니다.

알리익스프레스는 한국까지의 배송이 한 달, 길게는 두 달까지 걸리다 보니 배송에 대한 문의나 항의가 많습니다. 아이템의 불량이나 오배송, 파손되는 경우도 많아서 판매자가 짊어져야 할 금전적인 부분과 고객 상담 시 발생되는 정신적인 부분도 감안해야 합니다.

중국발 해외 구매대행의 장·단점

淘宝网
Taobao.com
AliExpress

장점 : 저렴한 가격대 아이템, 다양한 아이템군
단점 : 한달 정도의 긴 배송 기한, 불량 파손 오배송 많음

아마존을 이용해서 해외 구매대행을 할 경우에는 중국발과 크게 반대되는 경우가 많습니다. 중국발에 비해 브랜드 상품이 많고, 가격도 비싼 경우가 많습니다. 그래서 물량보다는 아이템의 사진, 상세페이지, 광고 등 마케팅적인 측면에서 판매를 하는 것이 사업적으로 효율이 좋습니다. 천개 미만의 아이템으로 판매하는 것이 아이템 관리나 매출에 훨씬 효율이 좋습니다. 그리고 중국발에 비해 가격이 높은 편이기 때문에 판매가가 올라가고 마진은 높아집니다.

아마존 프라임을 이용하여 아이템을 구매하고, 아마존과 연계되어 한국으로 배송해 주는 업체도 시스템이 잘 구축되어 있어서 빠를 경우 7일에서 늦게는 20일 정도 안에는 배송됩니다. 늦을 경우도 배송의 문제라기보다 통관에서의 문제가 대부분이라 배송에 대한 스트레스는 중국발에 비해 훨씬 적습니다. 그리고 배송 추적도 원활하기 때문에 고객의 배송 문의에도 보다 정확하고 원하는 답변을 주기 좋습니다. 아이템의 불량이나 오배송, 파손되는 경우도 적기 때문에 주문 이후 사후 처리에도 유리한 점이 많습니다.

TIP

아마존에서 한국 직배송을 시작하면서 미국발 구매대행이 잘 안된다고 생각할 수 있습니다. 하지만 오히려 직구에 대해 홍보가 되다 보니 해외 구매대행에 대한 인식이 높아졌습니다. 직접 구매에 대해 막연한 불안감과 번거로움으로 미국발 구매대행은 더 잘되고 있습니다.

미국발 해외 구매대행의 장·단점

amazon.com
and you're done.™

장점 : 아마존 프라임의 빠른 배송, 경쟁력 있는 브랜드 아이템

단점 : 중국발에 비해 높은 가격, 아마존 한국 직배송 가능

중국발이나 아마존발은 서로 장단이 존재합니다. 무엇이 더 낫다고 절대 이야기 할 수 없습니다. 이제 시작하는 상황에서는 중국발과 아마존발 모두 해보고 본인의 성향과 성격, 사업적인 방향을 고려해서 주력 아이템 소싱처를 정하는 것이 중요합니다.

아마존에서 소싱해 온 아이템 주문이 들어왔다면, 무조건 아마존에서 구매해서 고객의 집으로 보내는 것이 아닌, 아마존보다 더 저렴한 사이트가 있는지 확인해야 합니다. 예를 들어, 아마존에서 올린 50달러짜리 제품 주문이 들어왔다면, 혹시 모를 중국 사이트나 한국 사이트를 검색해 봅니다. 아마존에서 50달러인데 동일 상품이 알리익스프레스에서 30달러에 팔고 있다면, 아마존에서 올린 상품이지만 알리익스프레스에서 구매해 고객의 집으로 보냅니다.

이렇게 되면 기존 판매가 안에 책정해 놓은 마진이 아이템 구매가의 차액만큼 높아집니다. 그렇기 때문에 번거롭더라도 주문이 들어오면 어디에서 구매하는 것이 더 저렴한지 검색하는 습관을 가질 필요가 있습니다.

▲ 전자 제품 전문 쇼핑몰 뉴에그

뉴에그는 전자 제품 전문 온라인 쇼핑몰로 아마존보다 저렴한 경우가 있어서 전자제품의 주문이 들어올 경우 뉴에그는 꼭 한 번 검색해 볼 필요가 있다.

경쟁력있는 소싱을 하는 방법은 유행에 따라가는 것이 아닌 확실한 장단점을 이해해야 합니다. 그리고 사업을 진행함에 있어 콘셉트나 방향, 지속성이 높은 것을 선택하여 꾸준히 하는 것이 중요합니다.

해외 구매대행을 중국발과 미국발로 한정지어 생각하는 경우가 많습니다. 그나마 2019년부터 해외 구매대행이 활성화되면서 유럽발 시장도 개척되고 있지만, 아직은 해외 구매대행에 꼭 맞는 배송이 어려운 것도 사실입니다.

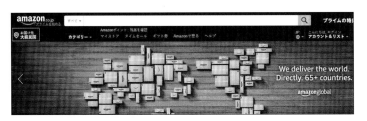

▲ 일본 아마존

그렇기 때문에 익숙하지만, 아직은 생각보다 활성화가 덜 되어 있는 일본발을 도전해 봤으면 합니다. 일본은 아마존이 입점되어 있어 해외 구매대행을 하기 적합합니다. 일본은 자국 내 배송비가 매우 비싸기 때문에 아마존 프라임 서비스의 무료 배송이 아니라면 배송비에서 너무 많은 비용이 발생되어 아마존 외 마켓은 추천하지 않습니다.

일본 발의 경우 매니아 층이 많아 판매하려는 아이템을 조금만 공부한다면 충분히 공략할 수 있는 것들이 많습니다. 소형 잡화나 중소형 가전, 장난감, 게임 용품 등 일본을 빼놓고 이야기할 수 없는 아이템도 상당히 존재합니다. 필자도 과거 피규어나 게임 용품, 생활 잡화 위주로 판매했고, 기대 이상으로 수익을 낼 수 있었습니다.

한 예로, 나무 빨래판을 판매한 적이 있었는데 일본 생산 제품에 가격이 높았는데도 꽤 많은 매출이 나왔습니다. 아마도 속옷이나 아이 옷을 세탁하기 위함이지 않을까 싶었고, 일본 제품 중 하나의 특성인 조금 비싸더라도 제품의 퀄리티가 좋다는 인식 때문에 판매가 잘된 것이라고 생각했습니다.

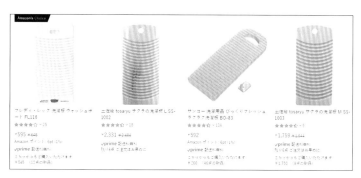

▲ 일본 아마존에서 판매 중인 빨래판

미국발보다 저렴하고 중국발보다는 비싸지만, 제품의 퀄리티에 대한 인식이 좋은 일본발을 해보는 것도 좋을 것 같습니다.

4 저렴하고 경쟁력 있는 배대지 활용법

배대지(배송대행지)는 해외 구매대행 사업에서 정말 중요합니다. 어디를 이용할지, 어떻게 활용하는지, 얼마나 저렴하게 이용할 수 있는지가 중요합니다. 이 밖에도 배대지의 업무 처리 능력과 배대지와의 관계 등 중요한 점은 헤아릴 수 없지만, 가장 중요한 것들을 알아보겠습니다.

▲ 물류 센터

해외 구매대행 사업에 있어 가장 중요한 것은 배송요율 즉, 배송비입니다. 본인이 구매하는 사이트에서 배대지까지 들어가는 배송비, 배대지에서 고객에게까지 가는 배송비를 어떻게 하면 절감할 수 있을지에 대한 고민이 필요합니다.

여기서 가장 중요한 포인트는 이용하는 배대지가 어떤 기준으로 배송요율을 책정하는가 입니다. 그것은 크게 세 가지의 경우로 나눌 수 있습니다.

첫째, 아이템의 택배 포장 이후 순수 무게로 책정
둘째, 아이템의 택배 포장 이후 부피 무게로 책정
셋째, 아이템의 택배 포장 이후 순수 무게와 부피 무게 중 더 무거운 것으로 책정

판매하는 아이템의 원래 부피는 굉장히 작고 무게도 적지만 포장의 부피가 클 수 있으며, 그에 맞춰 택배 포장의 부피는 더 커질 수 있습니다. 이럴 경우 배대지가 순수 무게가 아닌 부피 무게로 책정한다면 실 무게 1kg이 되지 않아도 2~3kg에 해당하는 배송비를 지불하게 될 수 있습니다. 그럴 때 이 부분을 역으로 이용할 수 있습니다.

각 국의 부피 무게를 구하는 공식

$$\text{부피 무게(kg)} \atop \text{(한국/중국/일본)} = \frac{\text{가로} \times \text{세로} \times \text{높이(cm)}}{5,000}$$

$$\text{부피 무게(LBS)} \atop \text{(미국)} = \frac{\text{가로} \times \text{세로} \times \text{높이(inch)}}{166}$$

$$\text{부피 무게(kg)} \atop \text{(독일/영국)} = \frac{\text{가로} \times \text{세로} \times \text{높이(cm)}}{6,000}$$

아마존에서 구매한 제품의 순수 무게 1kg, 부피 무게 3kg으로 가정해 보겠습니다. 이렇게 실 무게보다 포장 후 부피 무게가 더 높을 경우에는 순수 무게로 배송비를 책정하는 배대지에 물품을 보내 판매하게 되면 배송비를 많이 절감할 수 있습니다.

반대로 순수 무게 3kg, 부피 무게 1kg일 때 부피 무게로 배송비를 책정하는 배대지에 물품을 보내면 역시나 배송비를 절감할 수 있습니다. 그렇기 때문에 한 곳을 특정해서 배대지를 이용하기 보다는 여러 곳을 동시에 이용하면서 같은 아이템이라도 포장이 어떻게 되는지 확인하고, 아낄 수 있는 배대지를 활용하는 것이 중요합니다.

그리고 중요한 점은 얼마나 많은 서비스를 제공하는지입니다. 배대지에서 하는 업무는 굉장히 다양합니다. 해외 구매대행을 하다 보면 배대지와 협의해야 할 일들이 많습니다. 그중 배송 다음으로 중요한 부분이 분쟁입니다. 배대지마다 서비스의 범위가 다릅니다.

▲ 3PL

아이템을 배송받아 그대로 고객의 집으로 발송하는 업체가 있으며, 3PL이라는 방식을 취하는 업체는 아이템을 배송받아 검수를 중간에 진행합니다.

검수는 회사마다 차이가 있으나 대부분 오배송, 제품 패키지를 뜯지 않고 확인할 수 있는 불량 제품을 사전에 확인해서 고객이 직접 받고 반품되는 경우를 줄여줍니다. 또한 사이트에서 택배 포장을 너무 크게 해서 배대지에 보냈을 경우, 배대지에서 포장을 풀러 다시 작은 박스에 포장해 줍니다. 배대지가 직접 배송비를 줄여주는 역할을 하는 것입니다.

▲ 배대지의 상품 검수

단순 배송만 해주는 배대지의 경우 배송비가 저렴하지만 그만큼 리스크를 안고 판매를 하는 것이고, 3PL 방식을 이용해서 배송해주는 배대지는 상대적으로 배송비가 비싸지만 그만큼 리스크를 줄일 수 있습니다. 각각의 장단이 존재하지만 나중을 생각한다면 배송비 때문에 판매가가 높아져도 3PL 배대지를 이용하는 것을 추천합니다.

그밖에 분할 배송이나 합배송, 발송 일정 조율 등 배대지와 같이 해야 하는 업무가 많습니다. 위 내용들도 중요하지만 가장 중요한 것은 배대지가 얼마나 친절하고 문제가 생겼을 때 해결해주려고 노력하는지가 더 중요합니다.

사업을 하다 보면 예상하지 못한 변수들이 많고 이를 해결하기 위해 많은 곳과 조율을 해야 하는데, 그중 가장 큰 역할을 해주는 곳이 배대지입니다. 그렇기 때문에 배대지를 선택할 때 꼭 직접 오프라인으로 미팅을 하거나 전화, 이메일 등으로 많은 이야기를 나눠보고 선택해야 합니다.

특정 배대지 업체에서는 물량에 따라 등급을 나누어 배송 요율을 낮춰주는 곳도 있습니다. 미래를 위해 배송비를 손해보면서 물량을 한 곳에 밀어 넣을 수도 있지만, 초기에는 물량이 없으므로 나중에 매출이 높아지면 그때 해당 배대지를 선택하는 것이 좋습니다.

배대지에서는 3PL뿐만 아니라 다양한 서비스를 제공하고 있습니다. 택배를 배송할 때 유명 쇼핑몰 같이 회사 홍보용 유인물이나 상품 관련 홍보지를 넣고 싶다면 배대지와 협의하여 진행이 가능한 곳도 있습니다. 이용하는 배대지에서 어디까지 서비스가 가능한지는 꼭 확인하고 진행하는 것이 좋습니다.

배대지 선택은 정말 중요합니다. 필자도 초기에는 인터넷상으로 광고 많이 하는 회사, 강의 업체에서 주선해주는 곳들을 위주로 썼었는데, 생각보다 배송 요율도 비싸고 일 처리도 매끄럽지 못한 경우가 많았습니다. 인터넷 홈페이지나 전화로 이야기를 나누어도 매뉴얼 부분 외에는 알 수 없었습니다.

그 이후로 생기는 문제를 안고 계속 이용할 수 없었기 때문에 배대지 업체에 직접 찾아가서 담당자와 미팅하고 배송 요율 조정도 했습니다. 배대지를 하기 때문에 누구보다 현 시장 상황을 정확하게 알고 있는 사람들이라 현 시장 상황에 대한 이야기도 많이 나누었습니다. 그러다 보니 잘 맞는 배대지를 찾을 수 있었고, 어디에서도 들을 수 없는 정보들도 많이 듣게 되었습니다.

확실히 배대지와 친분이 생기고 나니 추후 발생되는 대량 주문건이나 오배송 불량 건들의 처리도 한결 편해졌습니다. 서로 업무를 조율하면서 할 수 있다 보니 다른 판매자보다는 업무가 편해진 것도 사실입니다.

그러니 신생 배대지나 메이저급 배대지나 구분 짓지 말고, 누구의 추천으로 배대지를 선택하더라도 본인과 잘 맞는지를 꼭 확인하여 선택했으면 합니다.

해외 구매대행에서 세금 신고는 정말 중요합니다. 해외 구매대행은 도소매가 아니기 때문에 매출에 대해 부과되는 세금을 내는 것이 아니라, 매출 안에 들어 있는 마진에

▲ 온라인 셀러의 세금 신고

대한 세금을 내야 합니다. 그것이 사업자등록증에 도소매가 아닌 서비스업으로 등록 하는 이유입니다.

부가세를 기준으로 매출의 10%는 도소매 판매하는 사업자를 위한 기준입니다. 해외 구매대행은 물품을 대신 구매하여 고객에게 발송해 주는 대행 수수료가 실제 매출입니다. 그렇게 때문에 추후 부가세 신고 기간에 세무서에서 마진에 대한 세금을 신고하면, 세무서는 매출에 대한 신고가 아니었기 때문에 왜 이렇게 신고했는지 소명 요청을 하게 됩니다. 이때 직접 소명을 해도 되고 계약된 세무사에게 맡겨도 됩니다.

소명 요건은 바뀌는 세법에 따라 달라질 수 있지만, 소명 자료를 제출하고 인정받을 때 가장 중요한 요소는 판매자가 재고를 보유하고 판매했는지입니다. 재고 없이 주문하면 결제와 발송 처리만하고, 고객이 직접 물건을 받았는지를 소명할 수 있는지가 관건이 됩니다. 이때 중요한 자료는 운송장입니다. 아이템을 구매한 사이트에서 배대지로 간 송장, 배대지에서 고객의 집으로 간 송장이 필수입니다.

▲ 인보이스

그 외에 네이버에서 제공하는 정산 수수료 정리, 아이템 구입가, 배대지 이용 수수료, 하다 못해 배대지 이용 시 적립금 차감 형식으로 이용한다면 적립금 송금 시 발생되는 수수료도 적습니다. 이렇게 사소한 것이라도 매입으로 잡고 절세하는 것이 중요합니다.

최근에는 해외 구매대행 전문 세무사도 생겨나면서 세금 처리 방식이나 소명 방식이 다르기 때문에 충분한 상담이 필요합니다. 매년 바뀌는 세법 때문이라도 인터넷에 보이는 정보보다는 전문가와 상의하여 세금 납부를 해야 합니다.

요즘에는 오픈마켓에서 세무에 대한 무료 교육도 많이 있습니다. 그곳에서 기본적인 개념을 잡으면, 세무사와 미팅 시 다가올 부가세, 종소세를 현명하게 준비할 수 있습니다.

필자는 처음부터 일반 사업자로 시작했습니다. 그 전에는 직장인으로 살았기 때문에 세무 관련 지식은 전무한 상태였습니다. 그러다 부가세 신고 기간이 되었고, 세무사의 기장료가 부담되는 상황이라 인터넷으로 부가세 장부를 정리할 수 있는 저렴한 프로그램을 사용해 부가세 신고를 했습니다.

하지만 해외 구매대행의 특성상 해외 결제 내역을 자동으로 수집하는 것도 한계가 있었습니다. 매달 발생되는 프로그램 사용료와 세금까지 생각하면 절대 저렴한 비용이 아니었습니다.

이후로는 세금을 이렇게 납부할 수 없다고 생각하여 해외 구매대행에 맞춘 세금에 대한 공부를 하기 시작했습니다. 그러기 위해 세무사와 상담을 통해 지식을 쌓아 나갔습니다.

사업을 시작하고 첫 해는 공부한다는 생각으로 직접 모든 것을 처리했습니다. 거기서 얻은 실수와 정보가 나중에 세금 처리를 하는 데 큰 도움이 되었습니다. 이후 회사를 법인으로 전환하고도 세무사에게 맡기지 않고 회사 자체적으로 처리할 수 있는 능력이 생겼습니다.

매달 나가는 기장료나 세금 신고 비용을 절약하고, 사업을 하면서 발생되는 매입 매출에 사전 대처할 수 있는 상황이 되니 정말 좋았습니다. 정말 힘들 때는 세금 신고만 세무사에게 맡기면 되는 상황이 되었습니다.

가뜩이나 하나 팔아서 남는 것도 별로 없는데 절세는 정말 중요합니다. 오죽하면 물건을 팔아 남기는 것이 아니라 세금을 아낀 것이 마진이 아닐까 하는 이야기도 심심치 않게 들려올 정도로 세금은 중요합니다.

세무사에게 기장을 맡겨도 사업주가 세무에 대해 알지 못하면 세무사에게 제출해야 하는 자료들도 사전에 준비하지 못하게 되고, 나중에 세금 폭탄 맞는 일이 비일비재합니다. 꼭 현명하게 준비하고 대비해야 합니다.

남들과 차별되는 생각,
이미지 트레이닝 전략

🛒 ① 해외 쇼핑몰로 판로 확장하기 ⌕

국내 인터넷 쇼핑몰 시장은 정말 힘들어졌습니다. 특별한 마케팅 능력이 있거나, 많은 자금을 바탕으로 광고에 투자하거나, 소위 대박을 치고 트렌드를 이끌어갈 아이템이 아니라면 이제는 어느 정도 한계가 온 것이 아닌가 생각이 들 정도로 현재 국내 인터넷 쇼핑몰 시장은 힘들어졌습니다.

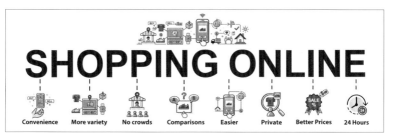

▲ 오픈마켓

그와중에도 꾸준히 인터넷 쇼핑몰 사업을 시작하는 인구는 증가하는 추세입니다. 그렇기 때문에 사업을 위해서라도 아직 미개척된 틈새시장을 노리고 있습니다. 현재 가장 큰 비중을 차지하는 것이 바로 해외 쇼핑몰로 물건을 판매하는 글로벌셀링입니다. 다른 말로는 '역직구 시장'이라 불리기도 합니다. 이 책에서는 '글로벌셀러'라 칭하고 이야기 하겠습니다.

글로벌셀러는 쉽게 생각하면 해외 구매대행과는 반대로, 한국의 아이템을 아마존이나, 타오바오에 판매하고 이베이, 큐텐, 쇼피, 라자다 등 해외 온라인 쇼핑몰에 입점해서 판매하는 것입니다.

글로벌셀러 또한 10년이 넘는 역사를 가진 사업이고, 이베이를 시작으로 이제는 아마존에서도 많은 한국 셀러와 기업이 진출해 판매를 하고 있습니다. 필자 또한 해외 구매대행으로

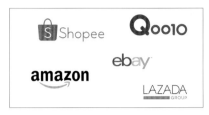

▲ 다양한 해외 온라인 마켓

시작했지만 중도 포기 후 글로벌셀러로 성공한 케이스입니다. 이후 다시 시작한 해외 구매대행도 해외 판매 노하우를 바탕으로 성공하게 되었습니다.

▲ 세계를 상대로 하는 글로벌셀러

글로벌셀러는 넓은 범위에서는 두 가지 방식으로 판매가 가능합니다.

첫째, 한국에 재고를 두고 주문이 들어오면 그때 그때 해외로 직접 발송하는 방법
둘째, 한국에 재고 없이 해외 구매대행과 마찬가지로 해외 오픈마켓 아이템을 다른 해외 오픈마켓에 올려서 주문이 들어오면 해외 구매대행 형식으로 발송하는 방법

특별한 예로 아마존은 FBA라는 직접 운영하는 창고에 사업자가 판매하려는 제품을 넣어두고 주문이 들어오면 아마존이 직접 고객에게 발송해주는 방법이 있습니다.

fulfillment by **amazon**

▲ 아마존 FBA

해외 온라인 판매 시장의 분위
기는 매년 달라집니다. 해외 현
지의 정치적인 문제, 관세, 통관
에 대한 문제, 현지의 문화 성격
등 많은 것들을 고려해야 합니

▲ 해외 판매를 시작한 쿠팡

다. 또한 해외 구매자에게 판매하는 것이기 때문에 문화적인 부분에
서의 차이를 극복하는 것이 가장 큰 관건입니다.

이러한 문제점들이 있는데도 글로벌셀러를 언급하는 이유는 한국보
다 훨씬 상황이 좋기 때문입니다. 한류의 영향으로 매년 한국 제품을
찾는 해외 소비자가 늘어나고 있고, 해외에서도 한국 제품을 사기 위
해 온라인 쇼핑몰에서 구매를 하고 있습니다. 쿠팡의 경우에는 해외
발송 시스템도 갖추어져 있을 만큼 해외 판매는 더이상 선택이 아닌
필수로 자리 잡고 있습니다.

스마트스토어에 직접 제조를 한 제품을 판매하거나 중국에서 OEM,
ODM 등 여러 가지 루트로 국내에 제품을 팔고 있다면, 해당 제품을
해외 오픈마켓에 판매하는 방식으로 판로를 개척하는 것이 중요합니
다. 대기업이나 중소 제조사들도 아마존이나 동남아 마켓에 진출하
기 위해 회사에 담당자를 두어 직접 판매하거나 위탁 판매 업체에게
맡기는 식으로 해외 판로 개척을 하고 있습니다.

다른 회사를 통해 위탁 판매를 맡길 경우에도 판매 대행인지 운영 대행인지 확인할 필요가 있습니다. 판매 대행은 대행사의 스토어에 제품을 올려 판매하는 방식이고, 운영 대행은 제조나 유통사가 직접 스토어를 개설하고 대행사가 스토어 운영을 대신 해주는 방식입니다. 어떤 방식이든 장단점은 있으나 당장의 매출보다는 미래의 상황에 맞추어 선택하는 것이 중요합니다.

판매 대행 : 판매 대행사의 스토어에 상품을 올려 위탁 판매하는 방식
운영 대행 : 의뢰 회사의 스토어를 대행사가 직접 관리 및 판매하는 방식

제일 좋은 방법은 판매하려는 해외 온라인 마켓의 현지 셀러나 유통사에 납품을 하는 형식입니다. 박람회나 커뮤니케이션을 이용해 바이어와 미팅을 하고, 해외에도 본인의 제품이 론칭되어 세계적인 브랜드로 거듭났으면 좋겠습니다.

경험 한마디!

필자는 과거 동남아 라자다 전문 판매 대행사를 운영했습니다. 판매 대행사를 운영하면서 위탁 판매 형식인 판매 대행과 의뢰 회사의 스토어를 직접 관리해주는 운영 대행 서비스를 진행했습니다. 판매 대행사를 운영하면서 기업과 기관의 담당자와 협업하면서 느낀점은, 해외 온라인 마켓은 하루라도 빨리 도전해 봤으면 한다는 것입니다.

제조나 유통, 소매를 하거나 대행 서비스를 해도 해외 마켓으로 모두 연관을 지을 수 있으며, 판로 개척에도 더이상 대안이 없다 할 정도로 중요해 졌습니다.

기관에서 해외 판매를 위한 지원 사업도 많기 때문에 제조나 유통을 하고 있다면 더욱 필요합니다. 해외 온라인 판매로 간단히 아이템을 론칭해 보고 가능성이 있는 아이템에 대해 본격적으로 판매를 시작한다면 분명 좋은 일이 있을 것입니다.

② 주력 상품을 만들어가는 생각

▲ 매장

수많은 셀러들과의 경쟁을 피할 수 없습니다. 그러다 보니 자신만의 판매 방식이 있고 없고의 차이가 큽니다. 그중에서도 주력 상품에 대한 고민이 깊어지게 됩니다. 주력 상품은 스마트스토어에 고정 수입을 가져다 주고, 전문몰로 넘어가는 과정 중 필수적인 조건이기도 합니다. 어떻게 해야 주력 상품을 찾을 수 있을까요?

첫째, 인위적으로 만들어 내는 방법

둘째, 자연적으로 만들어 내는 방법

인위적으로 만들어 내는 방법은 특정 아이템을 직접 소싱하여 판매를 일으키는 것입니다. 이때는 시장의 상황과는 무관하게 판매자의 성향에 맞춰 소싱하는 것이 중요합니다. 특정 트렌드에 맞춰 주력 아이템을 소싱하게 되면 아이템의 수명도 짧으며, 판매자가 직접 제조하는 것이 아닌 이상 지속적인 고정 수입을 만들어내는 것은 사실상 불가능에 가깝습니다.

그렇기 때문에 특정 아이템에 대해 관심이 높고, 관련 지식도 다른 사람보다 많은 아이템을 선택하고 이를 꾸준히 수정하고 보완하며 스터디셀러로는 만드는 작업이 필요합니다. 메인 사진, 상품명, 상세 페이지를 스토어의 콘셉트에 맞춰 디자인하고 분위기도 주력 상품에 맞춰 디자인해야 합니다. 이 부분은 이미 많은 셀러가 당연히 만들어 내고 기획하고 있는 방식이므로 다른 스토어에 비해 자금이나 시간 적인 여유가 없다면 뒤쳐질 수 밖에 없다고 생각합니다.

자연적으로 만들어 내는 방법은, 필자가 가장 선호하는 방식으로 현재 많이 팔고 있는 특정 제품군들 대부분이 이 방식을 통해 만들어졌습니다. 초보자나 제조, 사업 없이 판매하는 셀러에게는 가장 좋은 방법입니다. 자신의 성향이나 현재 트렌드와 관계 없이 특정 아이템을 구분없이 올려 판매를 시작합니다.

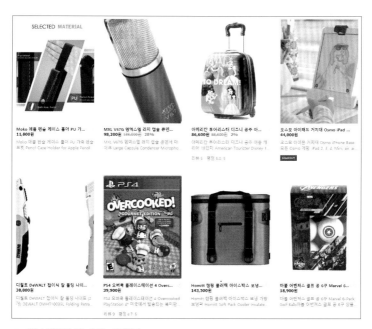

▲ 게임 위주로 판매되는 종합몰

판매된 아이템이 있다면 그 아이템과 비슷한 디자인, 기능, 색상, 연관 제품들을 같이 올려 판매합니다. 판매되는 아이템마다 모두 이런 방식을 사용합니다. 흔하게 파이를 넓힌다고 이야기 합니다. 이렇게 판매하다 보면 다른 경쟁 셀러에 비해 이상하리만큼 잘나가는 아이템이 형성됩니다. 처음에는 종합몰의 콘셉트로 가면서 자연스럽게 전문몰로 넘어가게 됩니다.

▲ 게임 전문몰로 발전

스마트스토어의 경우 자신의 스토어를 최대 4개까지 넓힐 수 있습니다. 스토어를 추가로 개설할 때마다 위의 방식으로 시작해 특정 전문몰로 발전시켜 총 4개의 전문몰 스토어를 가지게 됩니다. 4개의 전문몰은 모두 자신의 것이기 때문에 합쳐서 다시 종합몰처럼 운영할 수 있습니다.

초반에 종합몰로 운영하기 때문에 특정 고객층만 유입되는 전문몰보다 훨씬 많은 유입량을 기대할 수 있습니다. 유입량이 많아지기 때문에 자연스럽게 구매전환률도 높아지게 되고 결과적으로 매출 상승을 노려볼 수 있습니다. 또한 이런식으로 위탁 판매나 사입 등 전반적인 유통을 해도 손쉽게 아이템을 스토어에 론칭해서 고객의 반응을 볼 수 있습니다. 그리고 판매량이 높은 제품은 보다 적극적으로 수입이나 제조하여 사업적인 리스크도 많이 줄일 수 있습니다.

보다 전문적으로 할 경우에는 한 제품에 집중하는 것도 나쁜 선택은 아니지만, 금전적으로나 환경적으로 어려운 부분이 대부분이기 때문에 위 방법을 실행해 본다면 짧은 시일 내에 좋은 반응이 있을 것입니다.

현재 인기있고 잘 팔리는 제품을 주력 아이템으로 판매한다면 정말 쉽고 편하게 매출을 낼 수 있을 것이라고 생각할 수 있지만, 이러한 생각으로 수입하거나 제조할 경우 셀 수 없는 리스크를 안고 판매하게 되는 것입니다.

트렌드는 당장 내일이라도 식을 수 있습니다. 본인이 트렌드 선두주자이거나 민감한 사람이 아니라면 애초에 불가능한 온라인 사업 방식이고 미래를 기대하기 어렵습니다. 그렇기 때문에 초반에는 다양한 상품을 올려 판매해보고, 가장 잘 맞는 방식과 아이템을 선택해야 합니다.

셀러를 시작할 때 금전적으로 여유가 있던 상황은 아니었습니다. 그리고 온라인 판매도 해본 적이 없기 때문에 막막하기 그지없었습니다. 그러던 중 상품을 꾸준히 올리면서 느꼈던 점은 '사진과 상품명 상세페이지를 열심히 기획하고 만든 것은 안 팔리고, 설마 팔릴까? 했던 상품들은 판매가 이루어 진다'는 점이었습니다. 그러면서 '이 제품은 왜 팔렸을까?' 고민해봐도 답은 나오지 않았습니다. 그래도 수많은 경쟁 상대를 뚫고 판매가 되었다는 것은 분명 무언가가 고객의 마음에 들었다는 것이기 때문에, 생각보다는 방법을 찾기로 했습니다. 팔린 아이템을 더 잘 팔리게 수정하는 것이 아닌 추가를 해보기로 했습니다.

팔린 아이템과 같은 브랜드에서 다른 색상, 다른 디자인, 다른 성능의 제품을 같이 올렸습니다. 그리고 비슷한 아이템을 생산하는 브랜드도 같이 올려 팔린 아이템을 늘리며 마켓에 전문성을 키우기 시작했습니다. 판매가 되는 아이템이 다양해지면서 올려진 아이템들이 많아지고, 점점 특정 아이템으로 매출이 집중되기 시작했습니다.

필자가 지금도 주력으로 판매하고 있는 아이템은 원래부터 관심이 있었거나 남들보다 잘 아는 제품이 전혀 아니며 지금도 잘 모르는 아이템입니다. 판매된 아이템을 기분 좋은 마음으로 끝낸다면 더 이상의 매출은 기대할 수 없습니다.

어떻게 보면 얻어걸린 것이라 볼 수 있지만, 얻어걸린 매출도 고정 매출로 만드는 생각과 행동이 있었기 때문에 지금의 자신이 있는게 아닐까 싶습니다.

그렇게 판매된 아이템은 특정 부류의 고객층을 만족시켰다고 볼 수 있습니다. 아이템을 구매하면서 고객은 메인 이미지, 상품명, 가격, 상세페이지 중 하나이거나 둘, 많으면 세 가지가 충족되어 구매되었다고 볼 수 있습니다. 이후 더 많은 판매를 위해 지금 올렸던 아이템을 수정하게 되면, 기존에 만족시켰던 고객층 말고 다른 고객층을 만족시킬 수 있는 확률이 올라갈 수 있지만, 기존 고객층 마저 잃을 수도 있는 경우가 생깁니다.

다른 고객층을 만족시킬 수 있다는 보장도 없는 상태에서 기존 것까지 수정해 버린다면 모두를 잃어버릴 확률이 더 커진다고 볼 수 있습니다. 그렇기 때문에 한번 팔린 아이템의 정보는 수정하기 보다는 내용 추가만 하여 리스크를 조금씩 줄여 다른 고객층도 만족시킬 수 있도록 확률을 올립니다. 정말 확실한 것 외에는 수정을 하거나 뺄 경우 매출도 감소할 수 있다는 것을 꼭 인지하고 판매해야 합니다.

재구매와 충성 고객을
늘리는 CS 활용 전략

1 자주 발생되는 CS 대응 전략

▲ 전화 상담

고객 상담이라고 알고 있는 CS는 온라인 쇼핑몰을 운영하면서 아이템 소싱과 비교해도 뒤처지지 않을 정도로 중요한 업무 중 하나입니다. 고객 상담은 크게 전화 상담, 메신저 상담으로 나뉩니다. 전화 상담은 물건 구매 전, 구매 후 고객의 궁금증이나 불만을 해결해주는 방식으로 고객과 실시간으로 대응합니다. 그렇기 때문에 질문에 대한 이해도와 전화 상담 경력이 없다면 처음 상담 시 굉장히 힘든 업무가 됩니다. 대부분의 셀러가 초기에 전화 상담을 하다가 좌절하여 100% 메신저 상담으로 돌리는 경우가 많습니다.

메신저 상담은 스마트스토어 내에서 네이버 톡톡이라는 메신저를 사용합니다. 네이버 톡톡의 장점은 메신저창에서 실시간으로 고객과 대화가 가능하다는 점입니다.

전화 상담의 경우 강제로 실시간 대화를 나누어야 하지만, 메신저 상담은 실시간이지만 원하면 시간적 여유를 갖고 상담이 가능합니다. 그렇기 때문에 초기에는 최대한 네이버 톡톡을 활용하면 좋습니다.

문의는 네이버 톡톡으로 주세요!

▲ 네이버 톡톡 문의 요청

전화 상담이나 메신저 상담이나 가장 중요한 것은 문의를 얼마나 빠르고 정확하게 만족시키면서 상담을 마무리 하느냐는 것입니다. 수많은 고객 상담 중 가장 많이 연락이 오는 몇 가지 예를 들어 원활하게 상담하는 기술에 대해 알아보겠습니다.

단순 상품 문의에서 정보는 정확하게 제공하되 경우의 수가 있는 경우에는 절대로 확답을 주어서는 안됩니다. 보통 의류나 신발의 경우 사이즈 문의가 제일 많은데, 이때 확답을 제공할 경우 추후 고객이 안내 받았던 것과 다르다고 느껴지면 상담 과실로 교환이나 환불로 이어지는 경우가 많습니다. 이럴 때 가장 많이 쓰는 방법이 상세페이지에 실측 사이즈를 확인해 달라는 요청과 실측은 재는 방법이나 착용자의 상황에 따라 차이가 있음을 인지시키는 것입니다.

신발은 신어볼 수 없고 인터넷에 나온 사이즈만 확인하고 구매하다 보니 구매 전 사이즈 문의가 상당히 많습니다. 고객은 자신이 몇 사이즈를 신는데 정사이즈로 가면 되는지, 어떻게 할지 확인해 달라고 요청합니다. 확인은 사실상 불가능하기 때문에 절대 확답을 주어서는 안됩니다.

말의 서두를 항상 '고객님께서도 아시겠지만'으로 시작합니다. '고객님께서도 아시겠지만 사이즈의 경우 발볼이나 발등 사이즈에 따라 같은 사이즈를 신어도 신발의 특성에 따라 달라질 수 있습니다. 해당 신발의 경우 러닝화여서 발볼이나 발등이 작게 나온 신발이니 감안하여 한사이즈 크거나 정사이즈로 구매하는 것이 좋습니다' 하고 답변해주는 것이 좋습니다.

▲ 일반 상담

여기서 포인트는 전문적인 지식을 가지고 신발의 특성에 대해 이야기한 부분과, 한사이즈 크거나 정사이즈로 구매하라는 멘트로 답을 주지 않고 선택은 고객의 몫이라는 것을 알려주는 것입니다.

추후 사이즈 문제로 교환이나 반품이 들어와도 고객이 선택한 것이기 때문에 상담 시 과실은 없으므로 정당한 배송비를 받고 교환과 반품을 진행할 수 있습니다. 다른 상황에도 위 경우를 대입해 생각하면 보다 수월한 상담이 됩니다.

교환이나 반품은 일반 상품 문의만큼 많이 들어오는 상담입니다. 교환과 반품만 잘 해줘도 한달 매출이 달라집니다. 교환과 반품에서 상담시 중요한점 몇 가지를 이야기해 보겠습니다. 교환과 반품은 일반 상담과 반대로 정확한 상담과 안내가 중요합니다. 어떤 이유로 교환이나 반품을 하는 것인지 정확하게 확인받아야 하며, 그 확인을 바탕으로 무료로 진행할 것인지 유료로 할 것인지를 결정하기 때문입니다.

▲ 고객의 입장을 생각한 응대 방식

교환 환불 상담 시 가장 중요한 것은 정확한 과정과 고객을 배려한 설명입니다. 지정된 택배사를 이용해서 교환이나 반품을 해야 할 일도 있기 때문에 정확한 택배사 안내와, 스마트스토어에서 어떤 방식으로 신청해야 하는지 안내가 필요합니다. 특히 배송비도 세심하게 확인할 필요가 있습니다.

특정 이상 금액을 합배송으로 구매하여 무료 배송으로 받았을 경우 하나의 상품만 반품해도 무료 배송이 아니게 되어버릴 수 있기 때문에 배송비 차감 후 환불된다는 안내도 필요합니다. 반품의 경우도 같습니다. 단순 교환 반품은 어떻게 보면 가장 쉬운 고객 상담이기 때문에, 고객이 알아야 할 절차를 정확히 전달해준다면 큰 문제가 생기지 않습니다.

판매자 입장에서 번거로운 부분도 감수하고 고객에게 방법적인 부분을 먼저 제시한다면 자신을 배려해준다는 생각에 리뷰나 재구매율도 같이 상승하는 효과를 볼 수 있습니다.

고객이 판매자에게 연락하는 경우는 대부분 무언가 불만이 있기 때문입니다. 고객 상담 업무가 힘든 이유도 강성 고객, 즉 강성 클레임 건들이 있기 때문입니다. 이 경우에는 말 한마디에도 조심하지 않으면 잘못한 것이 없어도 판매자 과실이 되어버릴 수 있기 때문에 감정적으로 대응하지 않게 주의하는 것이 중요합니다.

일반적인 상황에서 단순변심으로 인해 교환이나 반품을 요청할 경우 고객 스스로도 자신의 과실인 것을 인정한다면 문제 없지만, 반대로 고객 자신의 과실이 아닌 상품 자체의 문제나 상담의 문제로 하면 철저한 확인이 필요합니다.

오배송은 고객이 사진만 보내주어도 바로 확인이 가능하므로 과실 여부가 바로 가려져 상황에 맞는 대응을 하면 되지만, 불량일 경우에는 고객과 다툼의 여지가 생깁니다. 1차적으로 불량이라는 문의에는 고객의 편에 서서 제일 먼저 죄송하다는 말을 해야 합니다.

가장 서두에 사과의 말이 깔리지 않으면 고객은 자신의 입장을 고수하기 위해 강성으로 변질될 가능성이 많습니다.

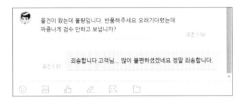

▲ 첫 대응은 무조건 사과의 말로 시작

죄송하다는 이야기 이후에는 불량 여부를 확인하기 위해 사진을 최대한 다양한 각도에서 찍어 보내달라고 요청합니다. 이때도 최대한 정중하게 부탁해야 합니다. 사진을 받았는데 불량 여부 확인이 안 된다면, 사진으로 불량 여부 확인이 어려우니 물품을 당사로 보내달라고 요청해야 합니다.

▲ 반품 수거 접수와 사진 요청

가능하면 판매자가 직접 택배사에 반품 접수를 하는 것이 고객이 강성으로 안 번지게 하는 방법 중 하나입니다. 받아서 불량이 확인되면 당연히 원하는 대로 처리를 도와드릴 것이고, 불량 여부가 확인이 안 된다면 다시 돌려보낼 수 있다고 해야 합니다.

TIP

단순히 고객의 말만 듣고 불량이 아니니 환불이 어렵다고 안내하면 고객은 절대 수긍하지 않을 것입니다. 심하면 제품을 부셔서 불량을 주장할 수도 있습니다. 이런 상황을 막기 위해서라도 절대 감정적으로 대응하지 말고, 물품을 안전하게 받는 것이 중요합니다.

▲ 강경하게 대응하지 않고 시간을 두고 상담하기

물품을 받고 검수 이후에도 불량 여부가 확인이 안 된다면 다시 고객에게 연락하여 사전에 안내드린대로 불량 여부가 확인되지 않아 환불이 어렵다고 안내합니다. 이때 100% 결과에 순응하는 고객은 없을 것입니다. 그땐 바로 도움을 드릴 수 있는 것이 없으니 환불이 불가능하다고 안내하기 보다는, 고객의 편에서 다시 한번 도움을 드릴 수 있는 방법이 있는지 확인하겠다고 하고 전화를 바로 끊는 것이 중요합니다. 고객은 전화를 끊고 10분 정도의 시간 동안 다른 일을 하며 화가 가라앉게 될 확률이 높습니다.

다시 고객에게 전화를 걸어 도움을 줄 수 있다면 도움을 주고, 도움을 줄 수 없는 상황이라면 죄송하지만 어렵게 되었다고, 도움을 드릴 수 없어 죄송하다고 하고, 더 이상 이야기는 피하는 것이 중요합니다.

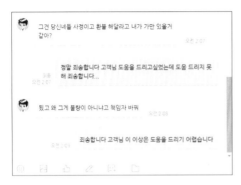

▲ 감정적으로 대응하면 말이 길어지며 상황은 악화됨

이 상황에서 더 친절하게 좋게 해결하기 위해 말이 길어지다 보면, 말실수나 말꼬리를 잡혀 일이 커지는 경우가 많습니다. 무조건 환불이나 교환이 안 되는 상황이라면 조금은 야속하게 느껴지더라도 도움을 드리기 어렵다는 이야기로 마무리 짓고, 대응을 피하는 방법이 오히려 도움이 됩니다. 아니면 애초에 교환이나 환불을 쿨하게 해주는 것도 하나의 방법입니다. 다만 그럴 경우 이런 상황을 악용할 수 있는 여지를 주는 것이므로 정확히 득실을 파악해서 대응하는 것이 중요합니다.

클레임 문의는 문의 당일 해결하는 것을 원칙으로 하고 다음날로 넘기지 않는 것이 중요합니다. 클레임이 다음날로 넘어가기 시작하면 눈덩이처럼 처리 건수가 쌓이게 됩니다. 다른 업무도 해야 하는데 클레임이 눈에 밟혀 일에 집중도도 떨어지고 온라인 마켓 자체를 포기하게 되는 도화선이 될 수도 있습니다.

필자는 과거 약 10년간 여러 온라인 마켓과 회사에서 고객센터 일반 상담원부터 민원 총괄 책임자까지 경력을 쌓았었습니다. 누구에게나 전화 상담은 결코 쉬운 일은 아닙니다. 10년 동안 하면서도 적응되기 보단 매일매일 새롭게 적응하는 일이라 생각이 들 정도로 힘들었습니다. 이제 쇼핑몰을 시작할 경우 매출에만 집중하다 보니 고객 상담 업무에 적응하지 못하는 경우가 많아, 나중에는 일을 그만두거나 CS 직원을 고용하기도 합니다.

온라인 쇼핑몰에서 CS 고객 상담은 쇼핑몰의 사활을 걸고 있다 해도 과언이 아닙니다. 물건만 좋고 배송만 잘되면 되는 세상은 진작에 지났습니다. 위 조건은 당연한 것이고 이제는 상담 업무가 제대로 되지 않으면 호의적이었던 고객들도 떨어져 나갑니다. 여기 말고도 같은 물건을 구할 수 있는 곳은 클릭 몇 번이면 찾을 수 있기 때문입니다.

필자는 과거 상담 일의 경험이 온라인 쇼핑몰을 운영하면서 정말 큰 무기가 되었습니다. 실제 스토어가 잘되는 이유도 절반 이상 상담이 받쳐주기 때문이라 생각합니다. 상담 업무만 잘되어도 구매평도 세세하고 디테일하게 칭찬 글을 적어주는 경우가 많습니다.

이런 구매평이 한두 개만 달려도 매출이 달라지는 건 굳이 설명하지 않아도 알 것입니다. 배달 음식을 시켜도 요리와 전혀 관계없는 배달원이 친절해도 매장 매출이 달라집니다. 고객과 가장 앞선에서 마주하는 업무야 말로 대박으로 가는 중요한 업무입니다. 고객을 놓치면 다 잃어 버리는 것이 온라인 마켓인 만큼 많은 관심 갖고 접근해야 합니다.

2 네이버 톡톡, 이제 챗봇으로 가자

네이버 스마트스토어를 운영하면서 간편하게 상담할 수 있는 도구로 네이버 톡톡을 빼놓을 수 없습니다. 스마트스토어와 최적화 되어 있고. 전용 앱 또는 스마트스토어 센터에서 고객과 실시간 상담이 가능합니다.

▲ 스마트스토어 상품 페이지 톡톡 적용

고객이 PC 또는 스마트폰에서 상품을 보다가 궁금한 점이 있으면 톡톡 문의 버튼을 눌러 판매자와 바로 채팅이 가능합니다.

전화 문의 또는 카카오톡 등으로 문의하는 경우도 있지만, 톡톡으로 문의를 유도하여 톡톡 친구를 맺을 수 있다면 나중에 신상, 이벤트 등 홍보 메시지를 발송할 수 있기 때문에 스마트스토어 운영이 주력이라면 네이버 톡톡을 활용하는 것을 추천합니다.

다음의 좌측 이미지는 고객이 상품 페이지에서 톡톡 문의 버튼을 눌러 상담창이 열린 모습이고, 우측은 스마트스토어 센터에서 판매자가 보는 화면입니다. 고객이 톡톡을 통해 메시지를 보내면 판매자는 내용을 확인하고 답변할 수 있습니다. 또한 구매 이력이나 배송 정보 등을 바로 확인하여 안내하거나 고객에 대한 메모 등을 활용할 수 있습니다.

▲ 톡톡 메시지

스마트스토어 운영 초기에는 고객 문의에 바로 답변할 수 있습니다. 하지만 주문량이 늘어나고 업무량이 늘면 실시간 상담이 어려운 것이 사실입니다. 그럴 때는 네이버 톡톡에서 제공하는 챗봇 기능을 활용합니다.

네이버 톡톡 파트너 센터에 접속하면 현재 답변을 대기 중인 상담 그리고 진행 중인 상담을 확인할 수 있습니다.

▲ 네이버 톡톡 파트너 센터

대화 통계, 친구 현황, 마케팅 메시지 전송 통계 등을 확인할 수 있습니다. 챗봇 설정을 위해 [챗봇 설정 관리]의 [쇼핑 챗봇 설정]을 선택합니다.

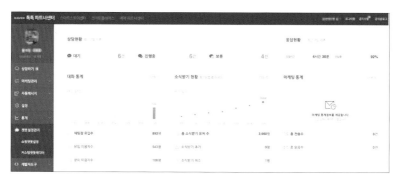

▲ 네이버 톡톡 파트너 센터 메뉴

쇼핑 챗봇 설정 관리 페이지에서 사용 설정을 'ON'으로 하고, 쇼핑 챗봇 안내 항목을 선택할 수 있습니다.

▲ 쇼핑 챗봇 설정

❶ 평균 배송일 : 상품과 스토어의 평균 배송일을 안내합니다. 대상은 2주 전 월요일부터 지난주 일요일 동안 결제 완료된 주문 건이며, 기간은 상품 주문의 결제 완료일 사이 소요 기간(배송 완료일이 없는 경우 구매 확정일 기준 적용)입니다.

❷ 배송 현황 : 배송이 시작된 주문의 택배 배송 현황을 자세하게 안내합니다.

❸ 인기 상품 추천 : 스토어의 주간 인기 상품을 안내하고 톡톡 대화창에서 바로 주문까지 가능하도록 안내합니다.

❹ 주문 취소/배송지 변경 : 고객이 주문한 상품의 주문 취소, 배송지 변경을 톡톡 대화창에서 바로 수정이 가능하도록 안내합니다. 단, 배송이 시작되기 전에만 안내됩니다.

❺ 교환/반품 : 고객이 주문한 상품의 교환/반품 안내와 접수가 가능합니다. 단, 교환/반품 접수는 가능한 상태일 때만 안내됩니다.

위 내역 중 원하는 항목만 설정하여 이용할 수 있습니다. 판매하는 카테고리마다 다르겠지만 의류의 경우 사이즈 문의 또는 배송 문의가 많기 때문에 기본적으로 배송과 관련된 내용을 안내하고, 구체적인 내용은 커스텀 챗봇 에디터를 통해 추가로 설정할 수 있습니다.

톡톡 파트너 센터에서 챗봇 설정 관리를 선택하고 커스텀 챗봇 에디터에 접속하여 챗봇 편집하기를 선택하면 다음과 같이 설정 화면으로 이동합니다. 시작 메시지에는 쇼핑 챗봇에서 설정한 배송과 관련된 안내가 기본으로 설정되어 있고, [버튼 추가하기]를 눌러 버튼의 제목을 작성합니다. 제목과 내용은 판매하는 카테고리 특성에 맞게 설정합니다. 배송 문의가 많다면 배송과 관련된 내용을 넣고 예약과 관련된 안내 또는 상담과 관련된 안내 등 다양한 내용을 담을 수 있습니다.

▲ 커스텀 챗봇 에디터

챗봇 시나리오를 설정했다면 바로 가기 메뉴도 설정합니다. 바로 가기 메뉴는 고객이 궁금해하는 사이즈 안내, 이벤트, 공지사항 등을 미리 설정하여 대화 중에도 고객이 언제든지 접근할 수 있도록 하는 메뉴입니다.

▲ 커스텀 챗봇 에디터 메뉴

커스텀 챗봇을 설정한 후 고객이 상담을 위해 톡톡 문의를 누르면 다음과 같이 기본 시나리오가 설정됩니다. 제목을 누르면 우측과 같이 판매자가 설정한 안내 메시지를 볼 수 있습니다. 그리고 바로 가기 메뉴에서 설정한 내용이 표기되어 고객이 쉽게 내용을 확인할 수 있습니다.

▲ 커스텀 챗봇 적용

스마트스토어뿐만 아니라 온라인 쇼핑몰을 운영할 때 CS, 배송, 상품 등록 등 전담 직원을 두고 업무를 한다면 효율적으로 운영이 가능합니다. 하지만 처음에는 부업 또는 1인 기업으로 운영하는 경우가 많다 보니 업무를 효율적으로 하기 위해서는 전화 상담보다는 메신저를 통한 상담이 효과적입니다. 메신저 상담이라도 최대한 상담 시간을 단축하고 대화를 짧게 하기 위해 고객이 궁금해 할 만한 내용을 미리 넣어 놓는다면 CS 업무량이 많이 줄어 들게 됩니다.

EPILOGUE

방선영

봄에 책을 쓰기 시작해서 어느덧 폭염이 내리쬐는 여름이 지났습니다. 처음에는 가벼운 마음으로 시작했지만, 시간이 지날수록 더 좋은 책을 쓰고 싶은 욕심에 무리도 많이 하고 많은 것들을 포기하면서 써내려 간 것 같습니다.

최근에는 앓고 있던 목 디스크와 허리 디스크가 심해져서 몇 달 동안 누워만 있으면서 '과연 내가 이 책을 마무리할 수 있을까?' 고민과 걱정이 가득했습니다. 결국은 이렇게 에필로그를 쓰는 날이 오니 감개무량합니다.

이 책을 통해 분명 누군가는 얻는 것이 있을 것이며, 누군가는 얻는 것이 미비할 수도 있습니다. 책 읽는 모두를 100% 만족시킬 수는 없겠지만, 단 한 분에게라도 도움이 된다면 정말 행복할 것 같습니다.

첫 번째 책이었던 '하마터면 글로벌셀러 할 뻔했다'도 누군가에게 도움이 되기 위해 시작했고, 한 분의 가능성을 위해 더 열심히 작업했습니다. 그리고 두 번째 책은 보다 기술적으로 도움을 드리고자 노력했습니다.

심각하게 공부하면서 보기보다 남는 시간에 즐겁게 읽었으면 좋겠습니다. 책을 보고 궁금한 의견이나 도움이 필요하다면 언제든지 네이버 카페 '플래닝링크'에서 즐겁게 답변 드리겠습니다.

처음 쓰는 책인데 더 잘 쓰기 위해 수정에 수정을 거듭한 공동 저자 김윤섭 대표님. 그리고 자기 책도 아닌데 남편이라는 이유로 너무 큰 도움을 준 와이프 사랑합니다. 더 고생하자!

이 책이 누군가에게 희망이 되길 바랍니다.

우연한 기회로 책 집필을 시작했습니다. 제안을 흔쾌히 수락하고 첫 페이지를 시작할 때 어떻게 써야 도움을 드릴 수 있을지 정말 고민을 많이 했습니다. 처음 시작하는 분들에게는 다소 어려울 수 있고, 이미 스마트스토어를 운영하는 분들에게는 부족할 수 있지만, 분명 이 책을 통해 용기와 자신감을 얻어 판매로 이어질 수 있다는 희망을 갖고 열심히 집필하였습니다.

많은 분들에게 온라인 쇼핑몰을 시작할 것을 추천하고 알렸습니다. 하지만 지금까지 운영하는 분들은 많지 않은 것이 사실입니다. 처음에는 부업으로 쉽게 생각하고 시작했다가, 상품 하나 등록해보고 포기하는 분들도 있었고, 시작도 못 한 분들도 많이 봤습니다. 하지만 그중에는 필자의 이야기를 듣고 시작하여 지금은 더 많은 매출을 기록하고 있는 친구도 있습니다.

처음 시작할 때는 누구나 어렵습니다. 처음부터 잘하는 사람은 없습니다. 지겹도록 들어온 말이겠지만, 꾸준히 노력한다면 누구에게나 기회가 있는 시장입니다. 지금 이 책을 통해 스마트스토어를 시작했다면, 포기하지 말고 꾸준히 노력하길 바랍니다. 좋은 결과가 있을 것입니다.

스마트스토어 운영과 관련하여 궁금한 사항은 네이버 카페 또는 유튜브를 통해 최대한 많은 피드백을 드리겠습니다.

마지막으로 이렇게 책을 집필할 수 있는 기회를 주신 방선영 대표님, 그리고 일 벌이고 다니는 남편 때문에 고생하는 아내에게 미안하고 고맙습니다.

여러분 모두 이 책을 통해 도전하고 성취하기를 바랍니다.

지금까지 이런 현실적인
이야기를 해주는 셀러는 없었다!

현재 셀러 활동하는 분들을 위한 내용이 아닙니다.

글로벌셀러에 대해 관심을 갖고 있는 분들이 진입 여부를 선택하기 전에,

셀러의 현실을 알고 조금이나마 올바른 선택을 도와,

예상치 못한 고통과 시간적 낭비를 겪지 않았으면 하는 바람입니다.